FELICIDADE foi-se EMBORA?

Dados Internacionais de Catalogação na Publicação (CIP)
(Câmara Brasileira do Livro, SP, Brasil)

Betto, Frei
Felicidade foi-se embora? / Frei Betto, Leonardo Boff, Mario Sergio Cortella. – Petrópolis, RJ : Vozes, 2016.

ISBN 978-85-326-5183-9

1. Espiritualidade 2. Felicidade 3. Felicidade – Aspectos sociais 4. Felicidade – Filosofia I. Boff, Leonardo. II. Cortella, Mario Sergio. III. Título.

15-10426 CDD-170

Índices para catálogo sistemático:
1. Felicidade : Filosofia 170

FREI BETTO

LEONARDO BOFF

MARIO SERGIO CORTELLA

FELICIDADE
foi-se
EMBORA?

© 2016, Editora Vozes Ltda.
Rua Frei Luís, 100
25689-900 Petrópolis, RJ
www.vozes.com.br
Brasil

Todos os direitos reservados. Nenhuma parte desta obra poderá ser reproduzida ou transmitida por qualquer forma e/ou quaisquer meios (eletrônico ou mecânico, incluindo fotocópia e gravação) ou arquivada em qualquer sistema ou banco de dados sem permissão escrita da editora.

Diretor editorial
Frei Antônio Moser

Editores
Aline dos Santos Carneiro
José Maria da Silva
Lídio Peretti
Marilac Loraine Oleniki

Secretário executivo
João Batista Kreuch

Editor para o autor Mario Sergio Cortella: Paulo Jebaili
Editoração: Maria da Conceição B. de Sousa
Diagramação: Sandra Bretz
Capa: Diana Cordeiro
Ilustração de capa: ©Tithi Luadthong | Shutterstock

ISBN 978-85-326-5183-9

Editado conforme o novo acordo ortográfico.

Este livro foi composto e impresso pela Editora Vozes Ltda.

Sumário

Quanto custa ser feliz?, 9
Frei Betto

    Felicidade, alegria e prazer, 14

    A felicidade é uma mercadoria?, 17

    Felicidade, bem interior ou exterior?, 18

    Parábola das sementes de felicidade, 20

    Felicidade, oferta publicitária, 22

    Felicidade, bem espiritual, 24

    Dimensão social e política da felicidade, 28

    A felicidade e a experiência mística, 33

    Jesus e a felicidade, 36

Felicidade: não correr atrás de borboletas, mas cuidar do jardim para atraí-las, 39
Leonardo Boff

    A felicidade à venda no mercado, 44

    Podemos ser felizes num mundo de infelicidade?, 48

    Como resgatar a felicidade da Terra para sermos também felizes?, 55

    O ser humano é Terra que sente e pensa, feliz e infeliz, 61

    Índice de Felicidade Social Bruta, 63

    Felicidade e natureza humana: nó de relações, união dos opostos e o desejo insaciável, 67

    Os tempos da felicidade: o pleno e o fugaz, 73

    Como alimentar a ambiência para a felicidade, 75

    Espiritualidade: secreta fonte de felicidade, 77

Felicidade: uma presença eventual, um desejo permanente..., 79
Mario Sergio Cortella

    Felicidade é circunstancial!, 81

    Felicidade é partilha!, 87

    Felicidade é transbordamento!, 96

Felicidade é simplicidade!, 103

Felicidade é transitória!, 113

Felicidade é espiritualidade!, 124

Frei Betto

Quanto custa ser feliz?

Quando a Editora Vozes me propôs participar deste livro sobre a felicidade, em companhia de meus queridos amigos Leonardo Boff e Mario Sergio Cortella, a primeira pergunta que me veio à cabeça foi: Sou feliz?

Já vivi 71 anos até a data em que escrevo este texto. Passei por muitas tribulações: perda de um irmão mais novo, por quem nutria profundo amor; dois períodos de prisão sob a ditadura militar, o primeiro de 15 dias (1964) e o segundo de quatro anos (1969-1973); cinco anos morando em um barraco de favela na capital capixaba (1974-1979); cura, graças à meditação, de uma doença considerada incurável, o hipertireoidismo; viagens a locais inóspitos no Brasil e em outros países etc.

Pouco desfrutei disso que muitas pessoas consideram imprescindíveis a uma vida feliz: dinheiro, conforto e acesso fácil a fontes de prazer. Trabalhei dois anos no governo federal (2003-2004), e o que enfrentei me faz indagar por que certas pessoas almejam tanto o poder. Renunciei à função por razões que explico em meus livros editados pela Rocco, *A mosca azul* – *Reflexão sobre o poder* e *Calendário do poder*. Hoje, sou um feliz ING – Indivíduo Não Governamental.

Vivo em um convento, em São Paulo, e o quarto que ocupo não tem mais de 5 metros quadrados. Meu único bem de relativo valor é um carro Fox 1.6, que me foi presenteado.

Sou feliz? Sim, e não afirmo isso como recurso à autocomplacência. Certos aspectos importantes me fazem feliz, como gozar de boa saúde e ter sido submetido, até hoje, a uma única cirurgia, aos seis anos, quando me extraíram as amígdalas.

Sou feliz por jamais ter me faltado um teto e nunca ter passado fome, exceto por decisão voluntária, como nas greves feitas na prisão, quando recusávamos qualquer alimento. Sou feliz por pertencer a uma família afetuosa, e considerar suficiente o necessário.

A razão principal de minha felicidade reside, porém, em dois fatores: as amizades conquistadas ao longo da vida e o sentido que imprimo à minha existência. As amizades me suscitam amor e me fazem sentir amado. É um privilégio saber que posso bater, sem aviso prévio, à porta de amigos e amigas às três da madrugada, em cidades do Brasil e do exterior, com a certeza de que serei bem-acolhido.

A vida espiritual é fator preponderante em meu bem-estar. Tenho em Jesus meu paradigma vital, que me revela quem é Deus; aprendi a orar com Teresa de Ávila e João da Cruz; habituei-me a meditar quase diariamente. Isso me permite conservar os pés no chão e não pretender voar além da capacidade de minhas curtas asas. E sinto satisfação em partilhar o pouco que possuo.

É evidente que experimento, como todo mundo, momentos de tristeza e decepção, angústia e dor de alma. Felizmente não me deixo afogar nessas marés negativas. Oração e amizades são as minhas boias nas águas turbulentas da vida.

Considero uma bênção de Deus chegar aos 71 anos sem acalentar nenhuma ambição, exceto prosseguir no que já faço: aprofundar minha espiritualidade; conviver harmoniosamente com familiares, confrades e amigos(as); proferir palestras e prestar eventuais assessorias para sobreviver financeiramente; e escrever, escrever e escrever.

Traz-me felicidade o sentido que imprimi à vida. Sou movido a utopia, e sonho com o mundo preconizado pelo profeta Isaías, no qual a criança brincará na cova do leão e as armas serão transformadas em enxadas... E, no seguimento de Jesus, tenho por princípio posicionar-me ao lado dos oprimidos, ainda que aparentemente não tenham razão.

Tenho plena consciência de que a minha vida chegou ao ocaso: os cabelos embranqueceram, os músculos se tornam flácidos, os movimentos do corpo perdem agilidade, as idas ao médico são mais frequentes. Isso não me assusta. E, ao contrário de outrora, admito que não verei o mundo de justiça e paz – a globalização da solidariedade –, pelo qual empenho a minha existência.

Consola-me a certeza de que não participarei da colheita, mas faço questão de morrer semente.

Felicidade, alegria e prazer

Santo Tomás de Aquino ressaltou que toda pessoa, em tudo o que faz, busca a própria felicidade. Mesmo ao praticar o mal. Ninguém age contra o próprio bem. Tanto busca a felicidade aquele que promove a guerra quanto quem se recusa a combater. Possuímos, portanto, a *libido felicitatis* ou a pulsão de ser felizes.

Santo Tomás baseou-se em Aristóteles, que no livro *Ética a Nicômaco* escreve que todos os outros bens são meios para se atingir o bem maior: a felicidade, um estado de "satisfação de todas as nossas inclinações" (Kant), de plenitude. Ela difere do prazer, que é efêmero, e da alegria, "o prazer que a alma sente quando considera garantida a posse de um bem presente ou futuro" (Leibniz). Ou "uma conduta mágica que tende a realizar, por encantamento, a posse do objeto desejado como totalidade instantânea" (Sartre). Portanto, a felicidade é o "perfeito contentamento de espírito e profunda satisfação interior: viver na beatitude nada mais é do que ter o espírito perfeitamente contente e satisfeito" (Descartes).

No entanto, basta olhar em volta e constatar quanta infelicidade existe: depressão, dependência química, criminalidade precoce, fome, guerras, migrações forçadas, trabalho escravo etc.

Há que distinguir felicidade, alegria e prazer. Prazer é agradar os cinco sentidos: degustar um bom vinho, contemplar uma pintura, ouvir uma boa música etc. Os prazeres são momentâneos, epidérmicos. Não duram. E quem os confunde com felicidade fica sempre em busca de novas sensações no intuito de se sentir feliz.

A alegria também é momentânea. Sentimos alegria ao rever a pessoa amada, ao receber uma homenagem, ao assistir a um bom filme, ao comemorar a vitória do time de nossa preferência, ao celebrar uma data importante com a família e os amigos; ou ao vencer um desafio profissional.

No entanto, ninguém sente prazer ou alegria acometido por uma doença, diante de uma catástrofe natural ou sofrendo perseguição. Porém, ainda assim pode se sentir feliz. Eis a diferença. Mesmo sob a dor e o sofrimento uma pessoa pode ser feliz, desde que saiba integrar as adversidades no sentido que imprimiu à sua existência.

Hoje, a felicidade parece ter se tornado obrigatória! Ainda que à custa de muitos sacrifícios, como dietas anoréxicas ou gastos exorbitantes com a estética corporal. Onde encontrar a felicidade? Muitos afirmam que ela não existe. Usufruímos de momentos de felicidade: a companhia da pessoa amada; o almoço em família; a roda de amigos; uma viagem interessante; o sucesso conquistado; contemplar o horizonte do alto de uma montanha...

Escreve Cecília Meireles, em *Epigrama nº 2*:

> És precária e veloz, Felicidade.
> Custas a vir e, quando vens, não te demoras.
> Foste tu que ensinaste aos homens que havia tempo,
> e, para te medir, se inventaram as horas.

Tem razão a poeta?

A felicidade é uma mercadoria?

Vivemos, hoje, a crise de paradigmas políticos, éticos, econômicos e religiosos. Se o paradigma medieval era a religião e o moderno, a razão – acompanhada de suas duas filhas diletas, ciência e tecnologia –, qual será o paradigma da pós-modernidade, na qual ingressamos neste início do século XXI?

Sonho que seja a solidariedade. Mas tudo indica que há o perigo de o mercado se impor como paradigma. A mercantilização de todos os aspectos da vida e da natureza. "Fora do mercado não há salvação", proclama o capitalismo neoliberal, indiferente ao drama de quase 2/3 da humanidade – 4 bilhões de pessoas – sobreviverem, segundo a ONU, com menos de US$ 2,50 por dia!

Em muitos países, o capitalismo mercantiliza a educação, a saúde e os demais direitos sociais, hoje apresentados como serviços privados ao alcance de quem dispõe de renda para adquiri-los. Mercantiliza-se também a natureza, exaurindo seus recursos ou utilizando-os predatoriamente, como denunciou o papa Francisco em sua encíclica *Louvado sejas – Sobre o cuidado de nossa casa comum*. Os resultados são os desequilíbrios ambientais e o aquecimento global. A Terra já perdeu sua capacidade de autorregeneração. Para se recuperar, depende, agora, da intervenção humana.

Porém, o capitalismo ainda não conseguiu mercantilizar o bem maior que todos buscamos: a felicidade. É verdade que estamos cercados de simulacros. A Coca-Cola® oferece esse bem maior ao alcance da mão e da boca: "Abra a felicidade!" Ora, só os bêbados e os magos acreditam que a felicidade jorra do gargalo de uma garrafa.

Para o capitalismo neoliberal, a felicidade reside no hiperconsumo desenfreado. O produto lançado hoje é considerado *démodé* amanhã. E quem espera ser visto como *in*, e não *out*, tem a obrigação de portar o que há de mais novo e avançado no mercado.

Paradoxalmente, essa ideia mercantilista de felicidade produz enorme infelicidade, na medida em que suscita em pessoas consumistas o medo da pobreza ou da perda de seus bens, o agudo senso competitivo, a ansiedade diante do futuro, gerando patologias físicas e mentais, como úlcera, depressão, síndrome do pânico etc.

Felicidade, bem interior ou exterior?

Enquanto esperamos a felicidade ainda não somos felizes. A felicidade está dentro ou fora de nós? Depende. Para quem canaliza o desejo para fora de si mesmo, a felicidade reside em algo a ser possuído: riqueza, beleza, fama, poder... Quem se deixa agarrar por essa "isca" não se sente feliz enquanto não alcança o que almeja. E, se alcança, experimenta a infelicidade ao perder o que conquistou.

O dependente químico sabe que a felicidade está dentro de si, mas ingressa nela pelo caminho do absurdo, e não pelo caminho do absoluto. Se alguém der a um drogado uma fortuna para ele consertar a própria vida, provavelmente irá gastá-la na compra de drogas. Contudo, embora possa não se dar conta, de alguma forma descobriu que a felicidade é uma experiência subjetiva, uma mudança do estado de consciência.

Para a cultura neoliberal, a pessoa não tem valor em si. Quem se importa com o mendigo estirado num canto da calçada? É o produto que a pessoa possui que lhe imprime valor. Bill Gates é tão pessoa quanto o mendigo da esquina. Porém, a fabulosa riqueza que reveste Bill Gates faz com que, aos olhos alheios, ele possua um valor tão alto que suscita inveja e veneração, enquanto o mendigo provoca repúdio e nojo.

O capitalismo não quer formar cidadãos. Quer gerar consumistas. Por isso, renega os valores que norteiam nossas vidas, como ética e solidariedade, e desloca-nos da subjetividade para centrar-nos na objetividade, naquilo que se consome. Assim, se chego à sua casa a pé, tenho um valor Z. Se chego a bordo do último modelo Mercedes-Benz, tenho valor A. Sou a mesma pessoa, mas a mercadoria que me reveste me imprime valor. Sem ela, talvez eu nem seja reconhecido.

Portanto, muita infelicidade resulta do fato de as pessoas colocarem fora de si o talismã capaz de proporcionar-lhes felicidade. Incapaz de ser tão rica, bela, famosa ou poderosa quanto gostaria, a pessoa se sente diminuída, entristece, cai em depressão, deixa o coração corroer de inveja, amargura, ira. Em suma, a luta ansiosa por felicidade costuma trazer infelicidade, quando centrada em alvos ilusórios e equivocados.

Santo Tomás de Aquino definiu a inveja como "a tristeza de não possuir o bem alheio". E Shakespeare disse que o ódio é "um veneno que se toma esperando que o outro morra".

Parábola das sementes de felicidade

Um homem muito rico, porém infeliz, vendeu todos os seus bens, disposto a comprar, a qualquer custo, a felicidade. Saiu pelo mundo afora com suas arcas repletas de barras de ouro. Nas Arábias, soube por um jovem cameleiro que, em pleno deserto, junto a um oásis, havia uma tenda sobre a qual se erguia um anúncio: "Felicidade".

Esperançoso, o homem partiu rumo ao local indicado. Após muitos dias de viagem, acompanhado pela fila de camelos com suas arcas cheias de ouro, atingiu o oásis. De fato, lá estava a tenda da "Felicidade". Ao entrar, deparou-se com um balcão e, do lado de dentro, uma atenciosa moça.

"É aqui que se encontra felicidade?", indagou. "Sim, é aqui", confirmou a moça. "Quero comprá-la. Não importa o preço. Estou disposto a pagar por ela toda a minha fortuna".

A moça fitou-o compassiva e disse: "Não vendemos felicidade". O homem ficou indignado: "Como não vendem!? Posso pagar quanto pedirem!" A moça sorriu e retrucou: "Senhor, não vendemos; damos". "Dão? De graça?" "Sim, de graça", confirmou a balconista.

Ela se enfiou nos fundos da tenda e, pouco depois, retornou. Sobre o balcão, depositou uma pequena embalagem, do tamanho de uma caixa de fósforos. "Toma, senhor. Pode levar. Aqui está a felicidade."

O homem, espantado, sem entender o que sucedia, abriu a caixinha e se deparou com uma dúzia de pequenas bolinhas pretas. "O que é isso? Não compreendo", queixou-se.

A moça tomou a caixa em mãos e apontou as bolinhas: "Esta aqui é a semente da amizade; esta, da solidariedade; esta, da fidelidade; esta, da generosidade. Se o senhor souber cultivá-las, será um homem plenamente feliz."

Felicidade, oferta publicitária

Para quem canaliza a busca da felicidade para a sua subjetividade, é um estado de espírito. Não é fácil cultivar os valores da subjetividade nesta sociedade consumista, que tenta nos convencer de que a felicidade resulta da soma de prazeres.

No final do século I a.C., o poeta latino Horácio recomendou à jovem Leuconoé: "Para ser feliz, não confie no dia de amanhã, mas *carpe diem*" (colha o dia de hoje, aproveite o momento presente). Essa expressão se transformou, hoje em dia, em um refrão hedonista, contrário à proposta de Horácio, que consistia na busca racional e virtuosa do prazer.

Sêneca já dizia que todos querem ser felizes, mas quando se trata de definir o que é exatamente a felicidade não se chega a um consenso nem se enxerga com clareza. Por isso, aconselhava: "Se queres ficar bem, cuida, sobretudo, da saúde de tua alma; depois, da saúde do teu corpo, a qual não exigirá muito esforço de ti".

Para ser plenamente feliz, propaga a publicidade, é preciso adquirir esse carro, vestir-se nessa loja, fazer esse cruzeiro marítimo, usar esse perfume... Veja como são felizes os atores e as atrizes que encarnam a peça publicitária!

De fato, o consumismo nos empurra para a excitação febril de consumir mais e mais... como se a ânsia de felicidade do coração pudesse ser aplacada fora da experiência de amar e ser amado. Como afirmou Lipovetsky, "o direito à felicidade transformou-se em imperativo de euforia, criando a vergonha ou o mal-estar entre aqueles que dela se sentem excluídos. No momento em que reina a 'felicidade despótica', os indivíduos são mais infelizes e sentem-se culpados por não se sentirem bem".

A publicidade não apenas nos estimula ao consumismo, embalado em hedonismo. Procura também corroer a nossa autoestima. Tenta nos convencer de que não somos felizes, a menos que sejam adquiridas as mercadorias anunciadas. Elas, sim, são dotadas de um fetiche que se transfere a quem as possui.

"Você, sentada aí na poltrona, é uma mulher infeliz, porque não tem esta bolsa Louis Vuitton®. Ao comprá-la, se sentirá feliz e causará inveja em suas amigas! E você, rapaz, atrairá as mais sedutoras mulheres se consumir esta bebida!"

A publicidade explora o narcisismo infantil que carregamos vida afora. Nossas fantasias onipotentes de beleza, poder, encanto e charme. Qual criança não sonhou em ser Batman, Super-homem, Cinderela e Princesa?

Na nossa incompletude, fruto da ruptura com a totalidade que a mãe oferecia, somos manipulados pela publicidade em nossos mais regressivos desejos inconscientes. Então, o desejo aflora e se centra em mercadorias e bens que supostamente preencheriam o buraco que trazemos no peito. E enquanto o milagre não acontece em nossas vidas, ficamos na janela da mídia, como quem folheia uma revista de variedades para admirar famosos e ricos que, na imaginação do leitor, desfrutam de plena felicidade...

Felicidade, bem espiritual

Cinco fatores dificultam, hoje, a nossa felicidade: 1) a indiferença frente à desigualdade social e o individualismo exacerbado; 2) a acelerada mercantilização da vida individual e social: a felicidade é identificada com a satisfação do maior número de necessidades reais e supérfluas; 3) a prática de preconceitos e a ascensão dos fundamentalismos; 4) o sequestro da democracia pelas elites financeiras, que transformam a política na simples administração do "roubo" e da corrupção legais; 5) a dedicação obsessiva ao trabalho, que induz a sacrificar certos prazeres e alegrias, confortos e tranquilidades, a fim de satisfazer a paixão pelo poder, pelo sucesso e/ou pelo lucro.

Thomas Morus já havia registrado, em sua *Utopia*, que o ser humano, para ser feliz, não deveria trabalhar mais do que cinco horas por dia, de modo a não ficar subjugado às exigências de sobrevivência e poder se dedicar às coisas do espírito. Marx concordou ao afirmar que sociedade feliz é a que concede tempo livre a seus cidadãos.

Será feliz quem enfrenta risco de morte e dá a vida por uma causa? Sim, Jesus se sentiu gratificado pelo sentido impresso à sua vida, assim como muitos revolucionários que deram suas vidas para que outros tivessem vida.

A felicidade é um bem espiritual. Francisco de Assis, jovem rico, volta da guerra e vê o pai – um pioneiro do capitalismo – criar um sistema de produção que propaga miséria em decorrência das relações de trabalho. Ele se desnuda na praça de Assis, como quem diz: "Não aceito a roupa que você faz em sua manufatura, porque ela gera a pobreza dos artesãos. Abandono o meu lar, a minha riqueza, a minha herança, o meu conforto, para ser solidário a esses pobres!" Era um jovem extremamente feliz, porque imprimiu à sua vida um sentido altruísta e solidário.

Ernesto Che Guevara já havia percorrido toda a América Latina como médico voluntário. Foi para Cuba, fez a revolução, sobreviveu, teve êxito, virou ministro, estava em paz com a história. De repente, se despojou de todos os títulos e confortos, de toda a segurança, e se meteu nas selvas da Bolívia. Quis também dar a sua vida para que outros tivessem vida. Morreu feliz aos 37 anos, em 1967.

Quantas religiosas trabalham em lugares inóspitos, como fazia Dorothy Stang, assassinada no Pará, em 2005. Era uma estadunidense de família abastada, que abandonou tudo e veio cuidar de trabalhadores sem terra. Outras religiosas trabalham em hospitais ou com pessoas deficientes, e são mulheres felizes, pois descobriram que o segredo da felicidade é dar vida a outras vidas.

Felicidade é um estado de espírito, um aflorar da consciência, que nos faz amar a vida sem, no entanto, nos apegarmos a ela. Gandhi, em seus prolongados jejuns, enfrentando o poderoso Império Britânico, era um homem feliz. Mandela, em 27 anos de prisão, em sua luta contra a discriminação racial, não se deixou abater. Infeliz é quem acredita que a felicidade depende de um carro esporte, de uma garrafa de champanha ou de uma função de poder.

Martin Luther King, em confronto com os racistas estadunidenses, era um homem feliz, como também foi Chico Mendes, ao desafiar os desmatadores da Amazônia, que acabaram por assassiná-lo.

Infelizes são aqueles que, do alto de sua arrogância, julgam que os negros são inferiores aos brancos, e seringueiros e indígenas devem abrir espaço para os amplos pastos que ocupam o lugar das centenárias árvores derrubadas. Infelizes são aqueles que se apegam com unhas e dentes a funções de poder, pois fora dele se deparam com a sua baixa autoestima e sofrem por não suportarem viver como cidadãos comuns.

Nada faz mais feliz uma pessoa do que o sentido que imprime à própria vida, seja enfiada em um laboratório pesquisando células de formigas, seja como militante de um partido político que busca a transformação da sociedade. Bastam-lhe condições mínimas de uma vida digna e, como assinalou Aristóteles, boas amizades. Montaigne dizia que o amigo é esse *alter ego*, um outro eu que cada pessoa precisa para ser feliz. Ninguém é feliz sozinho, pois sozinho ninguém se basta.

Isso vale para o revolucionário e o professor que dedica a sua vida a ensinar; para o executivo empenhado no êxito de sua empresa e a secretária responsável que trabalha no serviço público e tem consciência da importância do que faz.

Dimensão social e política da felicidade

São inúmeras as propostas utópicas de felicidade nesta vida. A mais conhecida pela minha geração é a do socialismo, cujas características propagandeadas se devem mais à mídia capitalista, anticomunista, do que ao próprio projeto de uma sociedade na qual os direitos fundamentais de todos os habitantes estejam estruturalmente assegurados, como alimentação, saúde e educação, conforme descrevo em *Paraíso perdido – Viagens pelo mundo socialista* (Rocco).

Com a queda do Muro de Berlim, em 1989, a dimensão social e política da felicidade se encolheu tanto que, hoje, nessa sociedade *globocolonizada* pelo neoliberalismo, está reduzida à esfera privada: cada um que trate de encontrar seu modo de ser feliz, ainda que haja infelicidade generalizada à volta. Assim, muitos buscam a felicidade na religião, nas drogas, na boa aparência, na jovialidade perene... Sem se perguntar pelas *causas* da infelicidade. Por que tanto consumo de antidepressivos, ansiolíticos e tranquilizantes? Por que tanta miséria e violência? Se as causas fossem apontadas, haveria a "desprivatização" da felicidade e a busca de um novo projeto civilizatório capaz de torná-la real. Pois ninguém consegue ser realmente feliz em um mundo povoado por tantos infelizes. No mínimo se deixa apoderar pelo medo de que os infelizes ataquem as muralhas da felicidade individual...

A felicidade tem dimensão social e política. Aristóteles frisou que ela depende também de bens exteriores para ser alcançada. É quase impossível esperar que sejam felizes crianças desnutridas, idosos em zonas de guerras, jovens desempregados, prisioneiros guardados como animais em jaulas infectas. Portanto, criar condições de felicidade é uma exigência política.

Um amigo me questionou: "Como alguém pode se sentir feliz vendo tanta miséria, tanta desgraça?" Respondi que a sabedoria consiste em não somatizar essas infelicidades, opressões e injustiças, e empenhar a vida na direção de mudar esse estado de coisas. Não sou onipotente, não posso, imediatamente, fazer nada por essas pessoas, mas me consolo e fico feliz por saber que, a longo prazo, o pouco de vida que tenho, o pouco de existência que resta a cada um de nós, está em função de um mundo onde essas injustiças e opressões não existirão mais.

No caso de um parente ou amigo afetado pelo sofrimento ou pela necessidade, sinto-me gratificado me dedicando a essa pessoa, fazendo algo para ajudá-la, consolá-la, animá-la, resgatar seu otimismo.

A maior infelicidade, muitas vezes, vem da omissão, e não da transgressão. Na vida tendemos a guardar culpa por aquilo que achamos que deveríamos ter feito pelo outro e não fizemos.

A *Declaração de Independência dos Estados Unidos*, formulada por Thomas Jefferson em 1776, reza que "todos os homens são criados iguais, dotados pelo Criador de certos direitos inalienáveis, e entre estes estão a vida, a liberdade e a procura da felicidade".

É interessante observar que o documento usamericano não fala em direito à felicidade, e sim em direito *de procurar a felicidade*. Esse diferencial tem suas implicações. Primeiro, incute a ideia de que a felicidade resulta do empenho individual, como se não dependesse também das condições sociais e políticas em que se vive. É o que mostra o filme *À procura da felicidade* (2006), produção estadunidense dirigida por Gabriele Muccino.

Para a ideologia neoliberal, como assegurar a todos o direito à felicidade se a natureza distribui aleatoriamente os dotes? Uns nascem burros e gostariam de ser inteligentes; negros, e sonham em ser brancos; feios, e invejam os belos; baixos, e desejariam ser mais altos... Portanto, a felicidade não pode ser normalizada pelo Direito, mas sim a sua procura.

Ora, esse falacioso argumento encobre o fato de uma sociedade ser ideologicamente dominada por uma classe que impõe aos demais o seu modelo de felicidade, em geral baseado no consumismo, para reforçar o mercado. E, assim, cria um sentimento de inferioridade naqueles que não se enquadram no modelo prevalente.

A Revolução Francesa deslocou a felicidade do céu para a Terra. Frente ao sofrimento humano, e considerando seus vínculos estreitos com opressores (nobreza, mercadores de escravos, donos de feudos), a Igreja preferiu qualificar este mundo de "vale de lágrimas" e prometer, a quem se submetesse à sua autoridade, a felicidade eterna no céu; a quem relutasse, a esperança de resgate da felicidade no purgatório; e a quem lhe desse as costas, a infelicidade perene no inferno.

Marx, no rastro da Revolução Francesa, fez duras críticas à Igreja: "A verdadeira felicidade do povo implica que a religião seja suprimida, enquanto felicidade ilusória do povo. A exigência de abandonar as ilusões sobre a sua condição é a exigência de abandonar uma condição que necessita de ilusões. Assim, a crítica da religião é o germe da crítica do vale de lágrimas que a religião envolve numa auréola de santidade".

Frente à Igreja do século XIX, Marx tinha razão ao fazer essa avaliação. Não se pode derivar daí que o marxismo renega a religião em si ou que a religião favoreça sempre a opressão e a alienação. Provas disso são o livro de Engels, *O cristianismo primitivo*, no qual ressaltou a dimensão libertadora da fé cristã, e a Teologia da Libertação.

Jesus, diz o Evangelho de João, veio para "que todos tenham vida e vida em plenitude" (10,10). Portanto, quis que sejamos felizes neste mundo. Daí o significado das curas que operou e do milagre da gratuidade de que todos pudessem curtir uma boa festa, como a transformação da água em vinho nas bodas de Caná (Jo 2,1-11).

Todos têm direito à felicidade, reza a Constituição dos Estados Unidos. Infelizmente esse princípio não foi reproduzido na *Declaração Universal dos Di-*

reitos Humanos. Para que a felicidade seja um direito de todos, é preciso também que as condições capazes de assegurá-la estejam ao alcance de todos.

Em 2010, o senador Cristovam Buarque propôs o PEC nº 19/10 (Proprosta de Emenda à Constituição), de modo a alterar o Artigo 6 da *Constituição Brasileira* e incluir que os direitos sociais são essenciais à busca da felicidade. O referido artigo ganharia esta redação: "São direitos sociais, *essenciais à busca da felicidade*, a educação, a saúde" etc.

No reino do Butão se adota, em vez do PIB (Produto Interno Bruto) para medir o desenvolvimento do país, o Índice Nacional de Felicidade Bruta, mensurado por indicadores de cultura, padrão de vida, equilíbrio ambiental e qualidade de governo.

A felicidade e a experiência mística

Para o budismo, o nirvana, a plena felicidade, é alcançado pelo total desapego. Das coisas materiais e também simbólicas (funções, títulos, fama), e de si mesmo. A suprema felicidade, segundo os místicos e a teologia cristã, é se sentir possuído pelo Espírito de Deus que, como ensina a *Parábola do Tesouro Escondido*, nos faz "vender" (abandonar) todos os outros bens para "comprar" o campo no qual se encontra esse único Bem (Mt 13,44). É o que enfatizou o autor do Eclesiastes, livro bíblico que considera mera vaidade tudo isso a que se costuma dar importância: bens, prazeres, poder etc.

Todas as pessoas que, alguma vez na vida, se apaixonaram, viveram algo parecido à experiência mística. Na experiência mística vive-se exatamente um estado exuberante de paixão. A diferença é que, na relação humana, o objeto da paixão está fora da pessoa, e na relação mística, está dentro.

Ao ler Santa Teresa de Ávila, por exemplo, que autobiografou a sua trajetória mística, constata-se quantas dores e sofrimentos, perseguições e problemas de doença ela foi obrigada a enfrentar. No entanto, exalava tamanha felicidade que exclamava: "Morro por não morrer".

A experiência amorosa é o ápice da felicidade: amar e se sentir amado. Na experiência mística esse amor é *um Outro* que, como disse Tomás de Aquino, "[...] um outro que me ocupa por inteiro, que não sou eu, mas funda a minha verdadeira identidade". Ou, como afirmou Santo Agostinho: "Deus é mais íntimo a mim do que eu a mim mesmo". Paulo, o apóstolo, já havia admitido: "Já não sou eu quem vive, é Cristo que vive em mim" (Fl 2,20). Todas são expressões de exuberância mística. Não há nada parecido na experiência humana, exceto a paixão amorosa, quando um se sente povoado pela encantadora presença do outro.

A experiência da felicidade não é ausência de dores, inquietações ou preocupações. Mas, em meio a tudo isso, é arrebatadora. A experiência mística não é uma coisa que se adquire, e pronto. É cíclica, e deve ser cultivada pelo amor ao próximo, à natureza e a Deus, nutrido através da oração e de exercícios de meditação.

Nunca fui tão feliz quanto nas experiências místicas pelas quais passei. Acredito que não haja nada igual, nenhuma outra experiência humana. Mesmo me encontrando em situações adversas.

Uma das experiências foi durante a prisão. Ali eu tinha todo o tempo do mundo para meditar. E havia um diálogo permanente com a morte, por razões óbvias. De modo que parece ter ocorrido uma inversão em minha sensibilidade. A certo ponto, senti que era meu espírito que envolvia o corpo, e não o contrário. Enfim, experimentei a "insustentável leveza do ser". Fui feliz na prisão, por mais paradoxal que isso soe, pois ali me foi possível "jejuar" os sentidos e a razão ou, como dizem os budistas, "quebrar os potes de barro".

Jesus e a felicidade

No *Sermão da Montanha*, Jesus disse que uma pessoa feliz é bem-aventurada, como descrevo em *Oito vias para ser feliz* (Planeta). Só será feliz quem tiver um espírito de pobre, for despojado, capaz de viver sem grandes ambições. Será feliz se tiver fome e sede de justiça, o que imprime sentido altruísta à vida. Será feliz se for misericordioso e ajudar a construir a paz. E se for perseguido por causa da justiça.

Conheci perseguidos sob a ditadura, mas hoje há perseguidos por difamação, ódio, calúnias. Não se importam. São felizes pelo fato de terem abraçado determinada direção na vida, e isso incomoda aqueles cujas vidas estão em direção contrária. Ficariam preocupados se fossem elogiados por seus inimigos. Se falam mal deles e inventam mil coisas, isso lhes traz felicidade, sinaliza que estão no caminho certo.

Mesmo para a pessoa que não tem fé, as bem-aventuranças de Jesus indicam o caminho da felicidade.

Há que entender bem o significado das bem-aventuranças. O que é ser misericordioso? Etimologicamente é ser capaz de colocar o coração na miséria do outro, na desgraça alheia, que pode ser material, espiritual ou psíquica. Ser solidário, cúmplice. Dar força para o outro. Essas indicações de Jesus são essenciais para o caminho da felicidade, daí a dificuldade, pois são antissistêmicas, ou seja, o sistema no qual vivemos não valoriza nada disso.

Qual o principal valor do sistema capitalista? A competitividade. Qual o principal valor do *Evangelho*? A solidariedade. Qual o principal valor da proposta socialista? Também a solidariedade, a partilha dos bens da Terra e dos frutos do trabalho humano.

A felicidade é, portanto, uma conquista política e um estado de espírito. Seremos todos plenamente felizes ao viver livres de angústias e inquietações em uma sociedade em que todos se sintam felizes por terem estruturalmente assegurados seus direitos de cidadania e democracia.

François Jacob conclui seu livro *Le jeu des possibles* (Fayard, 1981) com estas palavras: "A ciência se esforça por descrever a natureza e distinguir entre sonho e realidade. Mas não podemos nos esquecer de que o ser humano, provavelmente, tem tanta necessidade de sonho quanto de realidade. É a esperança que confere sentido à vida. E a esperança se funda na perspectiva de podermos, um dia, transformar o mundo presente num mundo possível, parecendo melhor. Quando Tristan

Bernard foi preso com sua esposa pela Gestapo, disse-lhe: 'Terminou o tempo do medo. Começa agora o tempo da esperança'".

Convém dar ouvidos ao velho Sócrates: "Se queres ser feliz, cuida de tua alma: sejas bom, honesto e justo".

Leonardo Boff

Felicidade: não correr atrás de borboletas, mas cuidar do jardim para atraí-las

A busca da felicidade é da essência do ser humano e vem testemunhada em todas as culturas. Por mais definições que se tenham dado, elas não vão além daquilo que Aristóteles em sua *Ética a Nicômaco* já explanou.

A felicidade, segundo o filósofo, é fruto do agir bem e do viver bem. Portanto, ela resulta de um modo de vida virtuoso; tudo o que a pessoa pensa e faz é bem-pensado e bem-feito. A felicidade que daí se deriva vale por si mesma, sem acrescentar-lhe qualquer coisa. Por isso, não há nada melhor e mais excelente do que a felicidade. Ela materializa um supremo e soberano bem.

Todos somos devorados por essa ânsia de felicidade. Mas o caminho para a felicidade pela via do agir bem e viver bem é um dos mais desafiadores; cheio de sonhos e também de ilusões. Mas também é carregado de sentido, de realizações, de satisfações e de bem-aventuranças. Numa palavra, a felicidade nos traz uma plenitude que não nos vem de nenhuma outra realidade senão dela mesma, pelo nosso reto agir e pelo viver correto. Uma menina de 10 anos, sobrevivente de um massacre da guerrilha colombiana, deixou escrito este bilhete:"A felicidade é quando o amor, a paz e todas as outras coisas boas estão juntas". Em razão dessa plenitude, a felicidade nunca desaparece do horizonte humano; é uma busca incansável e interminável.

Talvez pudéssemos logo antecipar que a felicidade não se encontra ali na esquina nem se esconde atrás de uma polpuda conta de banco. Não podemos ir diretamente a ela.

Cantou um trovador anônimo: *"Entre o sonho e a realidade, é bem diverso o matiz. Quem sonha felicidade é que se sente sempre infeliz".*

A felicidade resulta de muitas coisas que devem vir antes. Só quando realizadas é que se irrompe a frágil e vulnerável felicidade.

Os poetas, talvez melhor do que os filósofos, expressaram o que ela é e significa para a vida humana. Tom Jobim e Vinicius de Moraes nos legaram este belo poema-canção, cheio de realismo: *"Tristeza não tem fim, felicidade sim"*. Aí comparece uma descrição poética de rara beleza e verdade:

> A felicidade é como a pluma
> Que o vento vai levando pelo ar.
> Voa tão leve
> Mas tem a vida breve.

> Precisa que haja vento sem parar.
> A felicidade é como a gota
> De orvalho numa pétala de flor.
> Brilha tranquila
> Depois de leve oscila
> E cai como uma lágrima de amor.
> Tristeza não tem fim
> Felicidade sim.

Aqui aparece a natureza frágil da felicidade: é como uma pluma leve que o vento carrega. Ela tem vida breve porque para subsistir precisa que haja vento sem parar. Mas nem sempre há vento. Então aparece a tristeza que sempre nos acompanha, mas nos lembrando da felicidade vivida.

A felicidade, por mais plenitude que nos conceda, guarda sempre um transfundo de tristeza; por causa da fugacidade da vida, dos acontecimentos inesperados, das mudanças do curso das coisas e das eventuais rupturas de laços afetivos. Mesmo assim nunca desistimos dela, pois para ela fomos pensados e criados.

A felicidade se assemelha a uma gota de orvalho que um leve movimento a faz cair. Ela lembra a lágrima de amor que torna adorável a vida, mas que também é frágil como a flor. Esta tem vida curta, murcha e por fim fenece.

Quem poderá carregar o peso da pluma? Ela é tão leve que ninguém pode carregá-la. Ela está à mercê de si mesma. Algo parecido ocorre com a felicidade. Revela um estado de espírito que não pode ser medido e pesado, apenas vivido e compartido. Mas ele precisa ser cultivado, cuidado e alimentado. Caso contrário, entra a tristeza no lugar da felicidade.

A felicidade à venda no mercado

Para abordarmos a felicidade de forma realista precisamos, antes, remover vários obstáculos. Existe toda uma indústria da felicidade que vem sob o nome de *autoajuda*. É uma vasta literatura universal, consumida por milhões de pessoas no mundo inteiro. Ela tem um lugar reservado nas livrarias, encontra-se nas farmácias e nas lojas de conveniência, até nas portas de entrada das igrejas.

Ressalvando alguns aspectos positivos, precisamos reconhecer que certo tipo de autoajuda não escapa da frivolidade e da alienação. Ela parte de um dado real: a fragilidade humana. Ao invés de aprofundá-la e reforçar a resiliência, escolhe um caminho demasiadamente fácil: oferece certezas cabais por meio de receitas ambiciosas, incluindo, para lhe conferir ares de seriedade, cacos teóricos, tirados das ciências, da psicologia, das tradições espirituais do Oriente e do Ocidente.

No entanto, ela possui sua limitação: se bem repararmos, só se ocupa da realidade interna, das potencialidades escondidas, sem fazer referência à realidade externa, à infelicidade da Terra e aos dramas da sociedade e da história. Mesmo assim, este tipo de literatura promete "a felicidade plena", "a realização de um sonho desde sempre alimentado", a capacidade de se "criar a vida que finalmente se quer".

Nisso tudo vai muita frustração. Mas importa reconhecer que sua divulgação não seria compreensível se ela não contivesse elementos de verdade. Todos os seres humanos são carentes de afeto, de compreensão, de superação de limites e de frustrações. Têm necessidade de empoderamento interior.

Por isso temos que resgatar um sentido positivo da expressão "autoajuda". Textos de sabedoria ocidental e oriental, reflexões filosóficas que tratam com profundidade a condição humana, complexa e contraditória, e textos religiosos podem servir de autoajuda no sentido de despertar em nós as energias escondidas que, liberadas, tiram-nos das depressões.

Essas, nos dias de hoje, são produzidas pelo tipo de sociedade que está se impondo, a do desempenho e a da produção cada vez mais acelerada. Verificou-se que o frenético ritmo de trabalho causa cansaço pelo excesso de informações e estímulos, a ponto de produzir um "colapso psíquico", nervosismo, irritabilidade e ansiedade (cf. BYUNG-CHUL HAN. *Sociedade do cansaço*. Petrópolis: Vozes, 2015). Relançou-se a frase de 1968 que rezava: *"metrô, trabalho, cama"*, atualizada agora, na sociedade de desempenho, como *"metrô, trabalho, túmulo"*. Quer dizer, doenças letais ou o suicídio como efeito da superexploração produtivista.

Para essas questões da felicidade, o caminho da ciência pura não é o mais adequado. As pessoas não buscam a felicidade na universidade ou nos centros de pesquisa. Talvez na psicologia. Mas os mestres e especialistas do discurso da felicidade são, antes, os pais e mães de santo, os que jogam os búzios, algum religioso mediático, certos paranormais, um guru ou um líder espiritual. Nesse rol também se incluem a astrologia, a loteria, o tarô, o estudo do *I-Ching* e o esoterismo em geral. As ofertas de autoajuda são geralmente para aqueles que não dão conta, a partir de si mesmos, de seus impasses e angústias existenciais. A autoajuda promete uma eventual saída dessa situação.

Esse fenômeno de busca insaciável da felicidade o expressou a seu modo e de forma poética Vicente de Carvalho († 1924):

> Esta felicidade que supomos,
> Árvore milagrosa que sonhamos

> Toda arreada de dourados pomos,
> Existe, sim, mas nós não a alcançamos
> Porque está sempre apenas onde a pomos
> E nunca a pomos onde nós estamos.

Esta observação do poeta suscita corretamente a pergunta: Onde colocamos a felicidade? Em que objetos? Em que desejos e sonhos a serem satisfeitos? Colocamo-la fora de nós, num determinado tipo de pessoa amada? Numa cirurgia plástica para parecermos mais jovens? Numa situação de visibilidade, numa profissão de sucesso ou num *status* social de relevo que procuramos alcançar?

Ou a colocamos lá onde estamos, trabalhando nossos limites, dando-nos conta de nossas virtualidades, vivendo a condição humana e social, sempre contraditória com suas dimensões de sombra e de luz, com crises e superações e, quem sabe, até com tragédias?

Ser feliz no meio dos contratempos inevitáveis da vida é o teste de quanto a nossa felicidade tem sustentabilidade ou é apenas um sentimento fugaz que não nasce de nosso interior, e que por isso pode desaparecer logo, abrindo espaço para a tristeza sem fim.

Também não queremos encampar o ceticismo do filósofo inglês do século XIX John Stuart Mill, que, severo, repetia: "Pergunte a você mesmo se está feliz e cessará de sê-lo". Um anônimo comentava: "A prova de que a felicidade existe é que ela de repente pode não existir mais".

Mas pertence à felicidade bem realizada poder conviver jovialmente com a vida assim como ela é, com altos e baixos; com momentos bons e ruins. A felicidade sustentável é estar convencido de que as águas do mar, calmas e serenas, existem; mas elas estão na profundidade. Na superfície se levantam ondas revoltas que sacodem os navios mais seguros. Mas lá no fundo reina a mais serena calmaria. A felicidade verdadeira encontra aí seu lugar, na profundidade da vida.

Mas eis que surge a pergunta inevitável:

Podemos ser felizes num mundo de infelicidade?

Há um convencimento geral de que ninguém pode ser feliz sozinho. A felicidade é como a luz: ela naturalmente irradia e se difunde. Ninguém no mundo pode ficar indiferente, mesmo se considerando feliz, ao assistir cenas de massacres ou ao contemplar os corpos esqueléticos das vítimas da Shoá, o plano nazista da solução final para os judeus com o extermínio de todos eles, ou as vítimas da seca prolongada do Nordeste, tão bem retratada pelo grande pintor brasileiro Portinari.

Quem consegue segurar as lágrimas ao ver um menino sírio de 5/6 anos, afogado na praia ao tentar fugir da violência do Estado Islâmico que mata e degola, mesmo inocentes, os que se recusam ao seu tipo de islamismo radical?

Mais da metade da população mundial está abaixo do nível da pobreza; padece sem água, com toda sorte de doenças e com fome crônica. Há terremotos demolidores, tsunamis devastadores, tornados e furacões que nenhuma floresta ou muros podem deter, inundações que arrasam campos e secas terríveis que dizimam toda forma de vida. Quase todos os vulcões do mundo estão se ativando, pondo em fuga milhares de pessoas.

Em nosso país vigora uma acumulação escandalosa; de um lado umas poucas famílias que acumulam grande parte da riqueza nacional, e de outro, uma sofrida pobreza das grandes maiorias, os condenados da Terra.

Em termos mundiais, a relação é ainda mais perturbadora. Damos apenas um dado recente que nos materializa uma situação que tende a se agravar. O Instituto Suíço de Pesquisa Tecnológica (ETH), escolhendo 43 mil grandes empresas das 30 milhões existentes pelo mundo afora, constatou em 2011 que apenas 737 atores controlam cerca de 80% de todos os fluxos financeiros mundiais. Especialmente são bancos como o J.P. Morgan, o Deutsche Bank, o Golden Sachs, o Peribas e os bilhardários que especulam nas bolsas do mundo inteiro. A conhecida ONG Oxfam Intermón publicou em 19/01/2014 o seguinte dado ilustrativo: 85 super-ricos possuem mais dinheiro do que 3,57 bilhões de pessoas. 1% da população norte-americana acumula mais renda do que os restantes 99%. O lema deles é *greed is good*, que quer dizer: a cobiça é boa.

Esses dados, embora possam mudar para pior ou para melhor, escondem tragédias humanas; um oceano de infelicidade, de desespero, de fome e de morte prematura, especialmente de 15 milhões de crianças antes de atingirem 5 anos de idade. É sensato falarmos de felicidade num mundo assim infeliz por ser injusto, perverso e sem piedade?

No afã de acumular de forma ilimitada, passou-se de uma *economia de mercado* (que sempre existiu na história) para uma *sociedade só de mercado* (inédita até agora), a nossa. Tudo se transformou em mercadoria, desde as coisas mais vitais que, por sua natureza são comuns, insubstituíveis e inegociáveis como água, sementes, fertilidade dos solos, órgãos humanos, até as mais sagradas, como as religiões e as igrejas que incorporam a lógica do mercado – a concorrência –, que fazem ganhos com seus programas de rádio, de televisão e com as missas-*show*, transformadas em verdadeiras máquinas de fazer dinheiro.

Karl Marx intuiu, ainda em 1847, ao escrever em seu livro *A miséria da filosofia*, este fenômeno de verdadeira barbárie:

> Chegou, enfim, um tempo em que tudo o que os homens haviam considerado inalienável se tornou objeto de troca, de tráfico e se pode vender. O tempo em que as próprias coisas que até então eram coparticipadas, mas jamais trocadas; dadas, mas jamais vendidas; adquiridas, mas jamais compradas – virtude, amor, opinião, ciência, consciência etc. Agora de tudo isso se faz comércio. Irrompeu *o tempo da corrupção geral*, da *venalidade universal* ou, para falar em termos de economia política, inaugurou-se o tempo em que qualquer coisa, moral ou física, uma vez tornada valor venal, é levada ao mercado para receber seu preço.

Para o nosso tema, a *felicidade* consiste então em acumular mais e mais, em acumular qualquer coisa vendável, sem escrúpulos e sem respeito ao que é sagrado e dom gratuito da natureza. De tudo se faz dinheiro, do sexo a uma pregação sobre a divindade de Jesus. Será que o cansaço, a depressão, o desenraizamento geral, o vazio existencial, a violência generalizada nas relações humanas e entre os povos não denunciam a falsidade desse caminho que pretende nos trazer felicidade? Esse caminho poderá oferecer prazeres, mas jamais a felicidade sustentável, objeto do profundo desejo humano.

Vamos analisar a felicidade ou a infelicidade em três níveis: o da Mãe Terra, o da sociedade e o das pessoas.

Comecemos com a nossa Casa Comum, a Mãe Terra, pois é a precondição que permite tudo, a felicidade e a infelicidade, a barbárie e a civilização. Sem ela falta o chão para qualquer outro projeto humano. Mas até quando? Qual é a situação da Mãe Terra, preocupação constante do atual Papa Francisco, que escreveu um dos mais belos e instigantes documentos, dirigido a toda a humanidade, sobre *"o cuidado da nossa Casa Comum"* (2015).

Com tristeza confessa: "Basta olhar a realidade com sinceridade para constatar que há um grande deterioramento de nossa Casa Comum" (n. 61); "nunca antes temos ofendido a nossa Casa Comum como nos últimos dois séculos" (n. 35).

O fato mais grave é verificar que estão se acabando os recursos na despensa da Casa Comum.

Já tocamos nos limites da Terra. Está ocorrendo a assim chamada *sobrecarga da Terra* (*Earth Overshoot Day*). A pegada ecológica humana (quanto de bens e serviços precisamos para viver) foi ultrapassada. As reservas da Terra estão se acabando e já precisamos de mais de um planeta para atender a nossas necessidades, além daquelas da grande comunidade de vida (fauna, flora, micro-organismos). Como pode ser feliz a Terra em semelhante situação?

Até 1961 precisávamos apenas de 63% da Terra para atender às nossas demandas. Com o aumento da população e do consumo, já em 1975 necessitávamos de 97% da Terra. Em 1980 exigíamos 100,6% – a primeira sobrecarga da pegada ecológica planetária. Em 2005 já atingíamos a cifra de 1,4 do planeta. E em agosto de 2015, 1,6 do planeta. A seguir este ritmo, os dados serão cada vez mais altos.

Se hipoteticamente quiséssemos, dizem-nos biólogos e cosmólogos, universalizar o tipo de consumo que os países opulentos desfrutam, seriam necessários 5 planetas iguais ao atual, o que é absolutamente impossível, além de irracional.

Não podemos deixar de nos referir a um dado emblemático que revela a gravidade da atual situação que seguramente tende a piorar nos próximos anos.

Trata-se da pesquisa feita por 18 cientistas sobre "Os limites planetários – Um guia para o desenvolvimento humano num planeta em mutação", publicada na prestigiosa Revista *Science* de janeiro de 2015 (um bom resumo se encontra em *IHU*, 09/02/2015).

Aí se elencam nove fronteiras que não podem ser violadas. Caso contrário, colocamos em risco as bases que sustentam a vida no planeta (mudanças climáticas; extinção de espécies; diminuição da camada de ozônio; acidificação dos oceanos; erosão dos ciclos de fósforo e de nitrogênio; abusos no uso da terra, como desmatamentos; escassez de água-doce; concentração de partículas microscópicas na atmosfera que afetam o clima e os organismos vivos; introdução de novos elementos radioativos, nanomateriais, microplásticos).

Quatro das nove fronteiras foram ultrapassadas, mas duas delas – *a mudança climática e a extinção das espécies* – são fronteiras fundamentais, pois podem levar a civilização a um colapso. Foi o que concluíram os 18 cientistas.

É nesse contexto dramático que precisamos buscar os meios que nos devolvam a confiança e a coragem de ainda assim buscarmos a felicidade, primeiro para a Mãe Terra e depois para nós. Humildemente devemos dizer: *uma felicidade discreta e simples dentro do possível*.

Os cenários acima projetados nos obrigam a começar com a reconstrução da felicidade da Mãe Terra, pois sem ela a nossa própria felicidade estará ameaçada; quem sabe, até impossibilitada.

Estamos conscientes de que, com esta reflexão, alargamos o espaço da felicidade para além de sua expressão pessoal e subjetiva. Temos que incluir a Terra e a natureza. Ademais, sabemos que tudo está relacionado com tudo e nada existe fora da relação. Em outras palavras, a nossa felicidade depende da felicidade da Mãe Terra; a felicidade da Mãe Terra está relacionada à nossa própria felicidade.

Como resgatar a felicidade da Terra para sermos também felizes?

Para devolver e ressuscitar a felicidade da Mãe Terra não temos outro caminho senão aquele da responsabilidade coletiva e especialmente do cuidado essencial. Tal diligência exige previamente aquilo que o Papa Francisco afirmou em sua encíclica: "uma conversão ecológica", além de "mudanças profundas nos estilos de vida, nos modelos de produção e de consumo e nas estruturas consolidadas de poder" (n. 5).

Esse propósito, no entanto, jamais será alcançado se não amarmos afetiva e efetivamente a Terra como nossa Mãe e soubermos renunciar e até sofrer para garantir sua vitalidade para nós e para toda a comunidade de vida (n. 223). Trata-se de cuidar, a fim de criar as condições de uma Terra feliz. Mas como podemos fazê-lo?

Em primeiro lugar há que considerar a Terra não como convencionalmente é entendida: o terceiro planeta do sistema solar, com partes elevadas que são os continentes cercados ou atravessados por rios, mares e oceanos. Este é um conceito pobre e infeliz.

A partir dos anos 70 do século passado ficou claro para a comunidade científica que a Terra não apenas possui vida sobre ela, mas que ela mesma constitui um todo vivo e sistêmico no qual todas as partes se encontram interdependentes e inter-relacionadas.

Esse ente vivo articula o químico, o físico e o biológico de forma tão sutil, que faz com que se mantenha sempre viva e continue a produzir vida como já o faz há mais de três bilhões de anos.

Ela sempre mantém 21% de oxigênio, 3,4% de sal dos oceanos, 79% de nitrogênio (que faz crescer os seres vivos) e da mesma forma todos os demais elementos necessários para a vida.

A Terra Mãe foi chamada de Gaia, nome da mitologia grega para expressar sua vitalidade. É fundamentalmente constituída pelo conjunto de seus ecossistemas e com a imensa biodiversidade que neles existe, com todos os seres animados e inertes que sempre se inter-relacionam para, juntos, se co-ajudarem e co-evoluírem.

Devolver felicidade à Gaia implica cuidar das condições que existem há bilhões de anos e que lhes garante a vida e sua continuidade como um super ente vivo, Gaia. Metaforicamente, mas também concretamente, significa: cuidar de seu sangue, que são as águas; de sua respiração, que é a atmosfera; de sua alimentação, que é a fertilidade dos solos; de seu coração, que são ciclos e ritmos da natureza que devem funcionar harmonicamente; de sua roupa, que é a cobertura vegetal; e assim por diante.

A felicidade da Mãe Terra implica que cuidemos de cada ecossistema, compreendendo as singularidades de cada um; sua resiliência, sua capacidade de reprodução e de manter as relações de colaboração e mutualidade com todos os demais seres em presença, já que tudo é relacionado e includente. Compreender o ecossistema é dar-se conta dos desequilíbrios que podem ocorrer por interferências irresponsáveis de nossa sociedade, voraz de bens e serviços.

Resgatar a felicidade da Terra comporta cuidar de sua integridade e vitalidade. É não permitir que biomas inteiros ou toda uma vasta região seja desmatada, e assim se degrade, alterando o regime das chuvas, como ocorre com o desmatamento da floresta amazônica e do cerrado.

Importante para a sua felicidade é assegurar a sua biocapacidade, quer dizer, sua capacidade de manter a vida e reproduzi-la continuamente, em especial para os microorganismos, invisíveis no seio da Terra.

Na verdade, são eles os ignotos trabalhadores que sustentam a vida de Gaia e a faz um lugar feliz para morar. Diz-nos o eminente biólogo Edward Wilson, que "num só grama de terra, ou seja, menos de um punhado de chão, vivem cerca de 10 bilhões de bactérias, pertencentes a até 6 mil espécies diferentes" (*A criação*, 2008, p. 26). Por aí se demonstra, empiricamente, que a Terra está viva e é realmente Gaia, Mãe Terra, superorganismo vivente, e nós, a porção consciente e inteligente dela.

Garantir felicidade da Terra consiste em cuidar dos *commons*, quer dizer, dos bens e serviços comuns que ela gratuitamente oferece a todos os seres vivos, como água, nutrientes, ar, sementes, fibras, climas etc.

Estes bens comuns, exatamente por serem comuns, não podem ser privatizados e entrar como mercadorias no sistema de negócios, como nos referimos anteriormente.

"Os limites planetários", como dissemos, sinalizam claramente que "as bases da segurança global estão ameaçadas" (*Carta da Terra*, preâmbulo 2). Contudo, acrescenta: "Estas tendências são perigosas, mas não inevitáveis". Mesmo assim, como pode ser feliz e produzir felicidade uma Terra assim ameaçada?

Não sabemos quando esse processo destrutivo vai parar ou se transformar numa infelicidade atroz. Havendo uma inflexão decisiva como o temido "aquecimento abrupto", que faria o clima subir entre 4 e 6 °C, como advertiu a comunidade científica norte-americana, conheceríamos dizimações apocalípticas, afetando milhões de pessoas, tornando-as simplesmente não só infelizes, como também perigosamente ameaçadas em sua sobrevivência.

Temos confiança de que iremos ainda despertar. Mais do que tudo, cremos que "Deus é o Senhor soberano amante da vida"(Sb 11,26) e não deixará acontecer semelhante *armagedon ecológico*.

Regenerar a felicidade da Mãe Terra implica cuidar de sua beleza, de suas paisagens, do esplendor de suas florestas, do encanto de suas flores, da diversidade exuberante de seres vivos da fauna e flora. Que felicidade ao contemplar essa exuberante realidade!

Tornar a Terra novamente feliz exige que cuidemos de sua melhor produção que somos nós, seres humanos, homens e mulheres, especialmente os mais vulneráveis. Ela se sente feliz quando, pelo nosso empenho, continua a produzir culturas tão diversas, línguas tão numerosas, poesia, arte, ciência, religião e espiritualidade.

Ela se torna sumamente feliz quando nos damos conta da presença da Suprema Realidade que subjaz a todos os seres e que os carrega na palma de sua mão.

Pertence à felicidade de Gaia a produção de sonhos bons que ela suscita em nós, de cujo material nascem os santos, os sábios, os poetas, os artistas, os cientistas e todas as pessoas que anonimamente se orientam pela luz e pela bondade da vida.

Suprema felicidade para a Mãe Terra é quando, finalmente, cuidamos do Sagrado que arde em nós, que nos convence de que é melhor abraçar o outro do que rejeitá-lo, e que a vida vale mais do que todas as riquezas deste mundo.

Como se depreende, esse esforço de recriação da felicidade para a Terra é ingente e carregado de percalços, de idas e vindas, de avanços e retrocessos. O sistema hoje imperante de produção e de consumo ilimitados é hostil à vida; não favorece uma justa medida e uma atitude de sobriedade compartida; não se interessa pela saúde da Terra e por sua felicidade.

Apesar deste empecilho sistêmico, temos que resistir, buscar alternativas e pagar um preço em renúncias e em sacrifícios para devolver a felicidade à Mãe Terra. Esse empenho não somente faz a Terra mais feliz, como também nós mesmos nos tornamos mais felizes.

O ser humano é Terra que sente e pensa, feliz e infeliz

Afirmamos que a Terra é Gaia, um superorganismo vivo que tudo engloba. Nessa compreensão, quem somos nós, seres humanos? Somos um momento avançado da evolução e da complexidade da Mãe Terra. Alcançado um ponto extremo, irrompe a vida humana consciente e inteligente. Nós somos Terra, como insinua Gn 2,7; aquela porção de Terra que sente, pensa, ama e venera.

Bem testemunharam os astronautas a partir da Lua e de suas naves espaciais: "Daqui de cima não há diferença entre Terra e humanidade. Elas formam uma unidade complexa, constituem uma única grande e diversa realidade".

Dessa percepção nasce a consciência planetária: pertencemos a este planeta e possuímos a mesma origem e destino dele. Irrompe também a consciência de nossa unidade com a Mãe Terra. Somos, sim, seus filhos e filhas, pois nos criou; mas também somos mais: somos a própria Terra que por meio de nós sente, fala, planeja e cuida. Ela está ainda nascendo e não chegou a sua plenitude. Por isso, ela também revela ressentimentos, raivas e exclusões. Mas na medida em que ela mesma evolui, carrega-nos junto, e deixamos para trás dimensões que, na verdade, só nos trazem infelicidade.

Se vivermos consoante ao ritmo musical da Terra, se nos afinarmos à sua melodia, se cuidarmos dela com terno afeto, como cuidamos de nossas mães, colheremos o melhor fruto, que é a felicidade.

Esta felicidade é o dom de uma conquista, pois ela não surge por si mesma. Resulta de nosso empenho de alimentarmos um pensamento e um agir corretos para com a Terra. Participamos de suas infelicidades que são os desarranjos que ocorrem, seja por nossa culpa, seja por sua própria constituição geofísica, como deslizamentos de montanhas, inundações, tremores sistímicos. Mas se permanecermos fiéis à Terra, agarrados e abraçados a ela, receberemos dela força de resistência e de convivência com essas contradições. Ela, no meio das contradições, não nos nega uma felicidade possível.

A felicidade humana não significa a ausência de tais limitações, mas a capacidade, de forma inteligente e inventiva, de conviver com tais contradições. Daí podem nascer energias novas e sentidos nunca vividos antes.

Quanto mais nos empenharmos na realização dessa felicidade possível, mais comunicamos felicidade à Terra. E o inverso é igualmente verdadeiro: quanto mais a Terra conserva sua integridade e capacidade de autorregeneração, tornando-se assim mais feliz, mais felicidade ela nos comunica. Essa mutualidade – felicidade terrena/felicidade humana – constitui o pressuposto de todo tipo de felicidade.

Índice de Felicidade Social Bruta

Consideremos agora, rapidamente, a felicidade no nível da sociedade. Não abordaremos detalhadamente essa questão complexa, pois nos levaria longe. Basta dizer, sem muitas mediações, que uma sociedade marcada por profundas desigualdades como a nossa não pode gerar felicidade coletiva. Desigualdade significa injustiça social, acumulação de riqueza por poucos ao lado e à custa da espoliação das maiorias. A pretensa felicidade dos opulentos não pode se sustentar a preço da infelicidade das maiorias. Infelizmente é o caso do Brasil e da maioria das nações do grande Sul do mundo.

A tradução mais adequada da felicidade social seria alcançar um *modo sustentável de vida*, modo que incluiria os cidadãos, a comunidade de vida e todos os seres, respeitados com valor intrínseco, e não meramente seres colocados ao nosso uso e ao nosso bel-prazer.

Tudo poderia ser diferente do que hoje realmente é se tivéssemos cultivado uma relação de respeito e de colaboração com a Mãe Terra. Mas houve um povo que fez esse ensaio e serve de exemplo para todos nós. Pensamos no Butão, um pequeníssimo país aos pés do Himalaia, com pouco mais de dois milhões de habitantes. Lá se inventou "o Índice de Felicidade Interna Bruta".

Butão comparece como uma sociedade extremamente integrada, patriarcal e matriarcal simultaneamente, sendo que o membro mais influente se transforma em chefe de família. Para o governo (um monarca e um monge governam juntos) o que conta em primeiro lugar não é o Produto Interno Bruto, medido por todas as riquezas materiais e serviços que um país ostenta, mas a *Felicidade Interna Bruta*.

Essa felicidade resulta de políticas públicas justas, da boa governança, da equitativa distribuição de renda, que resulta dos excedentes da agricultura de subsistência, da criação de animais, da extração vegetal e da venda de energia elétrica à Índia; da ausência de corrupção, da garantia geral de uma educação e saúde de qualidade, com estradas transitáveis nos vales férteis e nas altas montanhas, mas especialmente fruto das relações sociais de cooperação e de paz entre todos.

Isso não chegou a evitar conflitos com o Nepal, mas não tem desviado o propósito humanístico do reinado. A economia que no mundo globalizado é o bezerro de ouro, comparece como um dos itens, entre outros, no conjunto dos fatores a serem considerados.

Por trás desse projeto político funciona uma imagem multidimensional do ser humano. Ele supõe o ser humano como um ser de relação que possui, sim, fome de pão como todos os seres vivos, mas principalmente é movido pela fome de comunicação, de convivência, de felicidade e de paz, que não podem ser compradas no mercado ou na bolsa. A função de um governo é atender à vida da população na multiplicidade de suas dimensões; o seu fruto é a paz e a felicidade coletiva. Na inigualável compreensão que a *Carta da Terra* elaborou da paz, essa "é a plenitude que resulta das relações corretas consigo mesmo, com outras pessoas, com outras culturas, com outras vidas, com a Terra e com o Todo maior do qual somos parte" (IV, f).

A felicidade e a paz não são construídas pelas riquezas materiais e pelas parafernálias que nossa civilização materialista e pobre nos apresenta. No ser humano ela vê apenas um produtor e um consumidor; o resto não lhe interessa.

Por isso temos tantos ricos desesperados e jovens de famílias abastadas se suicidando por não verem mais sentido na superabundância. A lei do sistema dominante é: quem não tem, quer ter; quem tem, quer ter mais; quem tem mais diz: nunca é suficiente. Nós nos esquecemos de que aquilo que nos traz felicidade é o relacionamento humano, a amizade, o amor, a generosidade, a compaixão e o respeito, realidades que têm muito valor mas não têm preço.

É dramático constatar que a nossa civilização ocidental, humanisticamente pobre e materialista, está acabando com o planeta no afã de ganhar mais e mais, quando o esforço seria o de viver em harmonia com a natureza e com os demais seres humanos. Por todas as partes, no entanto, surgem grupos e comunidades que ensaiam essa vivência harmoniosa com a natureza e com o Todo.

Butão nos coloca o desafio de que se pode construir uma felicidade social possível. Sábia foi a observação de um pobre de nossas comunidades de base, referindo-se a um grande latifundiário: *"Aquele homem é tão pobre, mas tão pobre, que possui apenas dinheiro"*. E era notoriamente infeliz.

Felicidade e natureza humana: nó de relações, união dos opostos e o desejo insaciável

Por fim, cabe analisar a felicidade no nível pessoal e subjetivo. Para construirmos uma felicidade pessoal possível, nos quadros da implenitude geral humana e social, precisamos nos orientar por uma compreensão mínima do que seja o ser humano. Vale lembrar a ponderação de Blaise Pascal (1623-1662), grande matemático, pensador e místico, talvez a mais verdadeira: *"Que é o ser humano na natureza? Um nada diante do infinito, e um tudo diante do nada, um elo entre o nada e o tudo, mas incapaz de ver o nada de onde veio e o infinito para onde vai"* (*Pensées*, § 72).

Esta compreensão paradoxal mostra o quanto somos complexos e, no fundo, indefiníveis. Nossa natureza é ser ponte, vale dizer, uma relação aberta para todas as direções. Com isso nos encaixamos na lógica do inteiro do universo, feito de redes de relações. Tudo é inter-retro-relacionado com tudo.

Para o tema que nos interessa se perfilam três leituras que nos ajudam a compreender o caminho da felicidade: entender o ser humano como um ser de relação, como a união dos opostos e como ser de desejo. Consideremos cada uma delas.

Já em 1845 em suas teses sobre Feuerbach, publicadas somente em 1888 por Engels, Marx afirmou em sua sexta tese: *"A essência do ser humano é o conjunto de suas relações sociais"*. Aqui Marx viu algo verdadeiro, mas reducionista. O ser humano é um ser de relações, não apenas sociais, mas totais. Ele se constitui como um nó de relações voltadas em todas as direções: para cima, para dentro, para os lados, para o infinito.

O ser humano só se realiza de fato, e com isso se torna feliz, se ativar essas relações. Ele é inteiro, mas ainda não está completo. Completa-se, autocriando-se através das relações com a família, com o mundo, com o trabalho, com os outros, com o Infinito. Caso contrário se empobrece, volta-se sobre si mesmo e acaba se desumanizando. Seria a sua infelicidade existencial.

Mas temos que qualificar essas relações. Há relações destrutivas do outro, do meio ambiente e da sociedade. Outras são construtivas, feitas de solidariedade, de compaixão, de cuidado e de amor. Não é difícil adivinhar de que lado está a felicidade: na capacidade de desenvolver relações envolventes, acolhedoras, carinhosas ou simplesmente humanitárias. A felicidade é consequência dessas relações bem-realizadas.

Por outro lado, também somos a convivência dos opostos. Somos simultaneamente *sapiens e demens*, portadores de inteligência e de demência, de amor e ódio, de sombra e de luz, de egoísmo e de altruísmo. O sim-bólico (o que une) vem sempre acolitado pelo dia-bólico (que divide). Anjos e demônios travam batalhas dentro de nós.

Essa situação não é um defeito de construção no processo da evolução; é o nosso modo de ser originário. Não dá para mudar essa dualidade básica; somos construídos assim. Agora, tudo depende de como lidamos com essas contradições. Disso depende se seremos felizes ou infelizes. Alguém pode dar mais espaço às pulsões de raiva, de ressentimento e de ódio, e então amargura a sua vida. Vive sempre reclamando de tudo e se sentindo infeliz.

Como também pode fazer uma opção pelo lado de luz, pela bondade e pela abertura aos outros. O resultado é sentir-se realizado e feliz porque ativou aquelas atitudes que realmente o dignificam, humanizam e o fazem melhor. Daí resulta a felicidade que vem de dentro, como diria Aristóteles, do bem agir e do bem-viver.

A questão toda é como equilibrar essas duas energias em nós, pois convivem e sempre se tensionam. Não podemos negar nossa dimensão de sombra. Sob a dimensão de sombra pensamos nos fracassos, nas nossas insuficiências, nas ofensas que fizemos e nas rupturas culposas que causamos. São marcas em nosso corpo existencial e não há como tirá-las. Se as negamos, aí é que elas se fazem sentir mais sombrias. Temos que integrá-las criativamente, liberando energias de aprendizado e de experiência de vida.

Mas acumulamos também méritos, vitórias face a dificuldades que surgiram em nosso caminho, pedras que nos impediram de passar e que soubemos fazer delas material de construção de nossa casa.

Para combinar a convivência destes opostos, com jovialidade e sem dramaticidade, temos de encontrar a justa medida, aquele equilíbrio em que o altruísmo seja mais forte do que o egoísmo, a capacidade de perdão predomine sobre a vontade de vingança. É nesse equilíbrio a favor do bem que se encontra a paz de espírito, a serenidade interior e, como efeito, a felicidade.

Por fim, a terceira leitura sustenta que somos seres de desejo infinito. Já os antigos, mas especialmente os psicanalistas, deram-se conta de que somos habitados por uma energia desejante que sempre arde dentro de nós. Muitos são os objetos do desejo: uma pessoa que amamos e que nos ama, e que está disposta a enfrentar junto a aventura da vida; uma casa acolhedora; um trabalho que nos realize e, ao mesmo tempo, nos garanta o sustento da vida; uma viagem de sonho em volta do mundo; um perfume especial ou um tipo de relógio que gostaríamos de ter.

Se bem olharmos, nosso desejo é infinito. Não ficamos satisfeitos com isso ou aquilo. Nosso desejo sempre quer mais e mais. Ocorre que encontramos apenas objetos finitos. Uma vez possuídos, podem nos dar uma passageira felicidade. Empenhar nosso capital de desejo num objeto apenas, mesmo que seja uma pessoa, é o caminho mais seguro para a decepção e a infelicidade; pois nenhum finito preenche o infinito. Ou então passamos de objeto em objeto, borboletando de um em um e, no final, sentimo-nos vazios e infelizes. Importa aprender a desejar para não sermos devorados por nossa voracidade. Desejamos pessoas e objetos, desfrutamo-los, mas não podemos nos apegar a eles. Devemos desejar o Ser, o Todo, pois nessa direção aponta o desejo. Lá se esconde a felicidade real.

Mesmo sem podermos aqui aprofundar o tema, cabe se referir à felicidade virtual. O desejo penetra também o ciberespaço. Podem ocorrer via internet relações afetivas de grande emoção, dinâmicas e sadias, capazes de produzir também felicidade e até casamento. Há outras que são enganosas e até criminosas. Mas tratam-se de novas formas de realizar o ser humano como ser de relação com as ambiguidades que toda relação comporta.

Atribui-se a São Francisco, que São Boaventura chama de *vir desideriorum* (homem de desejos), a seguinte frase: *"Eu desejo pouco; e o pouco que desejo, é pouco"*.

Somente o Infinito preenche nosso desejo infinito. Foi a experiência do *cor inquietum* de Santo Agostinho, cujo texto de grande beleza se encontra em sua autobiografia, *Confissões* (livro X, n. 27):

> Tarde te amei, oh Beleza tão antiga e tão nova
> Tarde te amei.
> Estavas dentro de mim e eu estava fora
> Estavas comigo e eu não estava contigo.
> Tu me chamaste, gritaste e venceste minha surdez
> Tu mostraste tua Luz e tua claridade, expulsou minha cegueira
> Tu espalhaste o teu perfume e eu o respirei
> Eu suspiro por ti, eu te saboreio, tenho fome e sede de ti
> Tu me tocaste e eu queimo de desejo de tua paz.
> *Meu coração inquieto não descansa enquanto não respousar em ti.*

A felicidade plena, sem resto, encontra-se na identificação deste Infinito e descansar nele. Por isso, o ser humano é um projeto infinito que somente no Infinito encontra a sua paz e felicidade.

Os tempos da felicidade: o pleno e o fugaz

Por fim cabe a pergunta: Será que a vida é avarenta e não nos concede momentos de plenitude e de plena felicidade? Não! Ela é generosa e nos permite o desfrute de momentos de plena felicidade. Seguindo o estudioso da felicidade Pedro Demo (*A dialética da felicidade*. 3 vols. Petrópolis: Vozes, 2001), devemos considerar na busca da felicidade dois tipos de tempo: o tempo *vertical* e o tempo *horizontal*.

O tempo *vertical* é o momento intenso, extático e profundamente realizador: o primeiro encontro amoroso, o nascimento do primeiro filho, ter passado num concurso difícil. A pessoa *está feliz*. É um momento que irrompe, muito realizador e plenificador, mas passageiro.

Há o tempo *horizontal*. É o que se estende no dia a dia, como a rotina com suas limitações e inevitáveis aborrecimentos, inerentes à vida familiar, à relação com os filhos, com o trabalho, com o tráfego, com as variações do clima, entre outros. Manejar sabiamente os limites, saber negociar com as contradições, dispor-se a renúncias por amor, manter certo sentido de humor que relativiza tensões, tirar o melhor de cada situação; isso faz a pessoa *ser feliz*.

Talvez o casamento nos sirva de ilustração. Tudo começa com o enamoramento, com a paixão e a idealização do amor perfeito; o que leva a querer viver junto. É a experiência de *estar feliz*: momento de grande intensidade onde o tempo do relógio já não conta.

No entanto, com o passar do tempo, o amor intenso dá lugar à rotina e à reprodução de um mesmo tipo de relações com seu desgaste natural. Diante dessa situação, normal numa relação, deve-se aprender a dialogar, a tolerar, a sublimar e a cultivar a ternura, pois é ela que alimenta e renova o amor. É o cuidado mútuo e o afeto sincero que impedem a perda do fascínio e não deixa que o amor morra por virar indiferença. É aqui que a pessoa pode *ser feliz* ou *infeliz*.

Estar feliz é um momento fugaz. *Ser feliz* é um estado prolongado, sempre alimentado e recriado.

Como alimentar a ambiência para a felicidade

A sede da felicidade não reside na razão. Esta é fria, calculatória e está na base do mundo da tecnociência; é imprescindível para conduzir racionalmente os afazeres da vida, mas se mostra insuficiente para as relações afetivas. Ela surgiu há apenas 6-7 milhões de anos. A fonte da felicidade reside no coração, na inteligência emocional e cordial. Esta não ganhou centralidade no mundo moderno, mas é mais ancestral do que a razão instrumental-analítica. Remete-se ao surgimento dos mamíferos há mais de 120 milhões de anos. Ao dar a cria, cercam-na de cuidado e de amor. Nós humanos somos mamíferos racionais, seres de afeto, de cuidado, de amor, de sentimentos profundos e de incessante busca de felicidade, que demanda se deixar envolver afetiva e cordialmente com o outro. É esse envolvimento que liga as pessoas, que reciprocamente vão aprendendo; a diferença acolhida as enriquece e, juntas, vão construindo um mesmo destino.

Para que irrompa a felicidade necessitamos criar-lhe uma ambiência, feita de cuidado e de carinho. Há que se cultivar a ternura, sem a qual o amor não sobrevive e acaba por minar as bases para a felicidade. Importa também adquirir resiliência, que é a capacidade de "dar a volta por cima" diante das dificuldades e tirar vantagem delas; saber criar símbolos que revelam o afeto para com o outro. O efeito é fazer o outro se sentir feliz. Os tempos de espera são tempos antecipadores da felicidade do encontro. Como dizia o *Pequeno príncipe*, de Antoine de Saint-Exupéry, referindo-se à raposa: "Se tu vens às quatro horas da tarde, desde as três começarei a ser feliz". Se os namorados e os casais vivenciassem esse tempo de espera, quão felizes não seriam!

O poeta Mário Quintana nos ofereceu uma bela metáfora para a compreensão da felicidade e que escolhemos como título de nosso ensaio: *"O segredo da felicidade não é correr atrás das borboletas; é cuidar do jardim para que elas venham até você"*. Uma vez mais, a felicidade não pode ser buscada diretamente. Ela é resultado da construção de um jardim, com afeto e com coração.

Espiritualidade: secreta fonte de felicidade

Por fim, importa ressaltar um dado, especificamente humano e que representa uma fonte secreta de felicidade: o cultivo da espiritualidade. Esta não constitui um monopólio das religiões, se bem que todas elas tenham nascido de uma rica experiência espiritual. Espiritualidade é um dado do profundo humano, a partir de onde percebemos a Presença que perpassa toda a realidade, o universo e a nossa própria vida. Os neurólogos identificaram sua base biológica ao perceber uma aceleração surpreendente de certos neurônios sempre que se abordam existencialmente temas do Sentido último, do Sagrado e de Deus. Chamaram a esse fenômeno de "ponto Deus no cérebro" (cf. ZOHAR, D. *A inteligência espiritual*. Rio de Janeiro: Record, 2004). É uma espécie de órgão interior (como temos os exteriores) pelo qual captamos a presença de Deus em todas as coisas, criando harmonia e ordem.

Pertence ao ser humano entrar em diálogo com essa Energia pessoal, poderosa e amorosa, encher-se de reverência e de devoção, orar, alegrar-se e chorar diante dela. Quando nos sentimos na palma de sua mão e percebemos que Ela nos acompanha com um olhar de Pai e de Mãe de infinita bondade, então podemos vivenciar uma profunda, serena e indestrutível felicidade.

Nada é mais consolador do que ouvir e crer na palavra do salmista, que nos sussurra: "Deus ordenou a seus anjos que te protegessem por onde quer que tu fores" (Sl 91,11). Ou a do Profeta Isaías: "Não tenhas medo, pois eu te libertei e te chamei pelo nome; tu és meu" (Is 43,1).

A felicidade é uma construção árdua, consequência de todo um modo de viver reto e íntegro. Se nascer a partir de dentro, nada poderá ameaçá-la. Nunca será plena e completa devido à implenitude de nossa existência neste mundo. Se fosse, não almejaríamos o céu. A felicidade – nos diz Pedro Demo – participa da lógica da flor: não há como separar sua beleza de sua fragilidade e de seu fenecimento. Mas ela é possível e está dentro das virtualidades humanas, pois é para isso que existimos: para brilharmos e sermos felizes.

Mario Sergio Cortella

Felicidade: uma presença eventual, um desejo permanente...

Felicidade é circunstancial!

Não existe a felicidade como perenidade. A ideia da felicidade como um estado permanente é uma impossibilidade, à medida que uma boa parte dos nossos sentimentos positivos é vivenciada pela ausência.

O que valoriza e dá sentido a um sentimento é a ausência. Tivéssemos nós a felicidade como um estado contínuo, não a perceberíamos. Assim como o que valoriza a água fresca é a sede e o que valoriza a comida gostosa é o apetite. Um exemplo que dou sempre é que a água é absolutamente agradável quando o organismo precisa de hidratação, mas tomar dez copos para um exame de ultrassom é absolutamente desagradável. Um alcoólatra não tem prazer na bebida, ele tem dependência. Prazer na bebida se tem quando quem bebe fica um tempo sem fazê-lo.

Felicidade não é um estado contínuo, não pode e nem deve sê-lo. E nem seria possível, pois isso colocaria a pessoa próxima do estado de demência. Não se confunda felicidade com euforia. A euforia contínua é um distúrbio mental. Afinal de contas, estamos num mundo onde há atribulações, passos tortos, turbulências, problemas.

A euforia persistente é um estado de alienação. Daí ela se caracterizaria muito mais como uma doença do que uma expressão da felicidade, que é uma vibração intensa de uma sensação, mesmo que momentânea, em que se tem uma plenitude e um prazer imenso em estar vivo. Naquele instante, naquele minuto, naquela circunstância, independentemente de quanto tempo dure, aquilo proporciona uma plenitude de vida, em que estar vivo é uma dádiva magnífica.

Se eu parto do princípio de que felicidade é uma circunstância e não um estado contínuo, surge o questionamento: É possível atingir a felicidade? Sim, várias vezes, em vários momentos e em várias situações. A felicidade é um horizonte, não é um estado que você atinge em repouso. Esta ideia é necessária para que não se imagine que você se prepara para a felicidade e ela virá, em algum momento anunciada por um tempo de vida, em que você cria as condições e aí será feliz. Não. A felicidade é uma ocorrência eventual.

É claro que é possível fazer escolhas e preparar-se para atingir objetivos. Mas muita gente alimenta o ideal de "um dia eu vou ser feliz".

Não. A felicidade não é um lugar aonde se chega depois de um tempo. Cabe a cada indivíduo ir construindo no cotidiano as circunstâncias para que a felicidade venha à tona. Portanto, ela é uma possibilidade para a qual se pode abrir a porta com uma maior facilitação ou se pode fechá-la. Quando a pessoa está num estado de depressão, que é de natureza química, ou está num momento de existência em que a amargura toma conta dela, a felicidade estará de porta fechada, sem qualquer fresta.

A percepção de felicidade é essa vibração intensa com um sentimento de que a vida flui dentro de mim e me deixa plenificado. Isso significa que eu posso ter a felicidade como um episódio, mas não consigo tê-la como um contínuo e nem devo tê-la. Assim o fosse, como reafirmo, não a sentiria.

Isso exige um segundo passo. Felicidade tem a ver com fertilidade. Você sente felicidade quando sente fertilidade. Tanto que a palavra "feliz", em latim *felix*, também significa "fértil", aquilo que é abundante.

Quando um neto recém-nascido segura o meu dedo, aquilo me dá uma sensação de plenitude imensa. Eu sei que ela passará. Mas estou vivendo aquela circunstância como um momento de fertilidade. A vida não cessa, ela vibra em mim. Quando eu abraço a minha mulher, quando estou diante de um pôr do sol estupendo, quando vejo dois cães brincando, um rolando com o outro – tudo aquilo que faz a vivificação permite que eu seja capaz de fruir essa circunstância. Isso tem a ver com intensidade.

Eu posso colocar metas e projetos que vão me permitir a colheita dessa fertilidade. E essa colheita vai me felicitar. Eu sei que ali não paro, mas também não posso bloquear essas circunstâncias, esses momentos.

Felicidade é fertilidade. Momentos como terminar um livro, finalizar um artigo, equacionar um problema de geometria ou um teorema, como nos tempos de escola, permitem que nos sintamos absolutamente férteis. Dá uma felicidade imensa desfrutar de uma leitura prazerosa, concluir uma obra, estar no convívio de amigos e parentes em um almoço e ver aquela mesa repleta de coisas e as pessoas sorrindo. Isso dá uma percepção imensa de fertilidade. A felicidade, não sendo um estado contínuo – dado que isso a aproximaria do delírio –, é, acima de tudo, a construção de circunstâncias em que eu faça a vida vibrar. Tal como o som vibra numa corda de um instrumento musical.

A felicidade pode se manifestar como resultado de um processo e também como gratuidade. Como entendo felicidade sendo gratuidade? Estou caminhando, a minha neta vem correndo, me dá um beijo de raspão no rosto e diz: "Vovô, eu te amo", e sai correndo. Naquela hora a vida vibra em mim. É claro que ela também é fruto de um processo. A felicidade que vem da sua obra e do seu esforço e a felicidade que vem da gratuidade.

A cena mais expressiva disso pode ser vista no filme *Amarcord* (Direção de Federico Fellini, 1973, 127min), quando o músico cego toca seu acordeão enquanto a chuva cai e as borboletas amarelas voam. Ele sente o toque das borboletas, ouve o barulho da chuva, a cerimônia de casamento já terminou, as pessoas vão ao longe, e aquilo é uma expressão de completa felicidade, mas ela é instantânea.

Existem pessoas que ficam felizes com a obra realizada, mesmo que cada etapa tenha sido árdua, tenha demandado um trabalho imenso. Elas não ficam felizes o tempo todo durante a execução, mas sabem que o resultado vai lhes felicitar, porque ali elas têm fertilidade. Olhar a obra concluída faz florescer a sensação de felicidade. Mas é um lampejo. Dá orgulho, mas não deve dar soberba. E o que nos felicita muitas vezes é o orgulho da autoria, seja do livro, do prato, do desenho, da educação dos filhos.

Há pessoas que bloqueiam a passagem desses momentos em que é possível ser feliz. E essa é uma das questões mais sérias na vida. Tem gente que vive numa amargura tão grande, que se habitua e, mais do que isso, se compraz na amargura. Existem pessoas que se consideram saudáveis na doença. Elas se escudam na doença; para muitas delas, a doença é o motivo da vida. "Eu não sou... não vou... não posso... por conta do meu problema" e, portanto, o sentido da existência se dá naquele amargor. Essa pessoa não é triste, ela é amarga. Porque a tristeza resulta de uma situação concreta. A amargura, no mais das vezes, é um estado de espírito.

Com frequência me perguntam: "Você é feliz?" Eu respondo: "Em várias vezes". Jamais eu digo: "Sim". Porque se eu digo "Sim", estou enunciando um estado de perenidade. Mas eu o sou em várias vezes e não o sou em outras tantas. Faço distinção entre *ser* feliz e *estar* feliz porque ser feliz pressuporia que eu tivesse uma perenidade maior do que é possível.

Eu me lembro – falava da escola não à toa – quantas vezes eu voltava para casa com uma tarefa, no Ensino Fundamental, antigo Ginásio, e a professora de Matemática ou de Geometria tinha passado um problema para resolver, sobre o qual eu me debruçava durante horas. A sensação de ter resolvido me fazia rir sozinho. Por chegar ao final do jogo – e isso era como ultrapassar as etapas de um *game* –, eu ria sozinho. Não de gargalhar, mas aquele sorriso de plenitude. Eu me sentia vivo e fértil. "Eu fui capaz."

Esse orgulho da obra – eu não tenho dúvida – sente de maneira intensa alguém que ajuda a cuidar de outra pessoa, alguém que salva uma vida, alguém que é capaz de aconselhar... Eu, que sou professor há mais de 40 anos, quando um aluno me encontra no restaurante e diz: "O senhor foi meu professor há 30 anos. Eu devo a minha formação nesse campo às aulas que o senhor dava", naquele instante, afora o agradecimento, sinto uma fertilidade imensa. E isso caracteriza o que estou fazendo como distinção entre uma sensação de vitalidade plena e um delírio, que é marcado pela alienação de ser alegre o tempo todo.

Felicidade é partilha!

Felicidade também tem a ver com realização de potência, como lembraria o filósofo holandês Baruch Spinoza. A capacidade de percebermos que aquilo que temos como possibilidade vai se realizando. Aristóteles fazia uma distinção entre ato e potência; isto é, aquilo que você pode e aquilo que é realizado. Quando eu posso algo, que é também o que devo, e eu o faço, aquilo me felicita.

Mas tem a terceira parte: "É impossível ser feliz sozinho", lembrava Tom Jobim na música *Wave*. Eu posso ser feliz sozinho? Muito pouco. Por quê? Porque felicidade é partilha. Anos atrás, eu estava na Praia do Forte, na Bahia, para uma conferência. Acordei às 5 da manhã e fui caminhar na beira do mar, descalço. De repente, o sol começou a nascer. Eu não queria ver aquela imagem sozinho. Naquela hora, eu pensei em várias pessoas que tinham de estar comigo.

Faço aqui um parêntese para um tema que falarei mais adiante: uma parte daquilo que se chama hoje de exibicionismo nas plataformas digitais é também uma forma de partilha. Embora alguns digam que tem gente que, a cada passo que dá, tira foto para postar, existe aí um dado, que é o desejo de compartilhar. "Eu não posso comer esse prato magnífico que está à minha frente sem mostrar para alguém." Não para mostrar que estou comendo, mas é uma forma de dizer: "Olha que coisa gostosa, queria que você estivesse aqui comigo".

Sob um determinado ponto de vista, é um aspecto que se assemelha ao que acontece na docência, que é essa capacidade de ficar partilhando o tempo todo. A lógica da docência é: tudo o que eu tiver de melhor passo adiante; tudo o que o outro tiver de melhor que eu quero buscar, não quero me apropriar daquilo.

A expressão em *Wave*: "é impossível ser feliz sozinho", faz muito sentido, porque a música bonita, a paisagem expressiva, o sabor agradável são parcialmente felicitantes. A eles faltam a companhia de alguém. A felicidade exige cumplicidade. A felicidade precisa ter cúmplice; do contrário, ela é limitada. Eu posso até olhar para mim e sorrir, mas se eu tenho alguém que sorri comigo, eu multiplico aquela sensação. Não é que a felicidade seja impossível, mas ela se torna mais exuberante quando há um cúmplice que possa comigo fruir aquele instante, aquela situação.

Se ao presenciar o nascer do sol eu estivesse deliberadamente sozinho, numa busca espiritual, seria possível ter essa sensação de felicidade? Seria uma sensação assemelhada, afinal de contas, eu estava criando as circunstâncias para isso. Teria a mesma intensidade. A diferença é que eu teria procurado aquilo propositadamente. O fato de pessoas no Rio de Janeiro, no final da tarde, aplaudirem o pôr do sol é uma reverência, como é a reverência com o alimento, com a convivência, como é com a busca de um estado espiritual ao se fazer um retiro, de modo que as perturbações não interfiram negativamente no estado de meditação que eu quero chegar para poder fruir algumas coisas.

Uma coisa que eu gosto de fazer até hoje é ver formigas trabalhando; aquilo me oferece uma paz de espírito muito forte, por causa daquele movimento que elas têm. O mesmo acontece com o movimento das ondas; eu acho belíssimo o fato de o mar se renovar. Se eu crio a circunstância, eu vou buscar a condição de fazê-la.

Eu posso induzir, por exemplo, com uma bebida alcoólica; não por acaso, em muitos idiomas é chamada de *spirit*, que está relacionada à ideia de espírito e ligada à ideia de hálito. As palavras "hálito" e "espírito" estão conectadas. Nelas está a ideia de esperança: *spes*, que significa "sopro". "Hálito", "espirro" e "espírito" têm a ver com isso. E as bebidas alcoólicas podem sugerir um estado de felicidade impossível. O que elas fazem é criar euforia, mas não criam felicidade. O que cria felicidade quando estamos bebendo juntos é o fato de estarmos juntos, não é a bebida. Não causalmente, algumas religiões têm a bebida como uma forma de partilha. Em várias práticas religiosas em que se procura uma reverência à vida, há bebidas alcoólicas no sentido de partilha, de comemoração, de lembrar junto, de confraternizar, de ficar com os fraternos. A celebração, para tornar célebre, inesquecível, é feita com o uso da bebida, mas a bebida e a droga ilegal de qualquer natureza produzem euforia. Não é possível supor que um estado de calma foi conseguido por causa da ingestão de *cannabis sativa*, por exemplo. Esse estado de espírito induzido pelo fumo da maconha é artificializado, não é uma produção direta do indivíduo, não resulta de uma paz que foi construída.

O mesmo vale para a bebida alcoólica. Eu, por exemplo, gosto de tomar um vinho, uma cerveja, mas tenho muito mais sabor no vinho quando ele é uma comemoração, mesmo que eu esteja sozinho. Já aconteceu de eu passar uma semana intensa, viajar para várias cidades, fazer muitas conferências, dar muito autógrafo em livro, abraçar e ser muito abraçado. E, ao chegar em casa, no domingo à tarde, pleno de vida, sentar sozinho, pegar uma dose de uísque e saborear. Mas naquele copo eu não estava saboreando só o uísque em si. Estava saboreando a semana, estar vivo no domingo; sabia que na sequência iria reencontrar pessoas que eu amo.

Senti-me potente; não como poderoso, dominante, mas fértil.

Com Frei Betto, no livro *Sobre a esperança: diálogo* (Ed. Papirus), conversamos sobre aquilo que eu entendo como a mais forte mensagem que os cristãos passaram até hoje. A coisa mais bonita que eu já vi do cristianismo, que é uma fala de Jesus, está em Jo 10,10. É a mais precisa ideia de felicidade que eu já vi: "Quero que tenhais vida e vida em abundância".

Primeiro, o que é abundância? Abundância não é excesso, não é desperdício, não é perda. Abundância é a presença do suficiente sem restrição. Abundância de comida, de trabalho, de afeto.

No entanto, o mais belo da frase, e por isso é para mim a expressão da felicidade, é que ela está no plural. A frase não é "quero que você tenha vida e vida em abundância". A frase é quero que "tenhais" vida. Essa sentença é forte porque é claro que eu quero abundância, mas não só para mim. Eu sou capaz de ser feliz em alguns momentos de maneira individual, mas isso é restritivo. O que de fato pode me dar uma percepção de fertilidade é quando essa circunstância de felicidade é resultado de partilha. Porque a partilha é que felicita de fato.

É claro que posso ter os meus próprios momentos. Exemplo: termino eu uma palestra sobre Ética, na cidade de Concórdia, em Santa Catarina, em julho de 2015. Concórdia é uma cidade com intensa atividade agroindustrial, com 60 mil habitantes, e 5 mil pessoas foram numa noite de quinta-feira assistir a uma palestra sobre Ética. Eu não fui lá para falar em como enganar as pessoas, em como levar vantagem de qualquer jeito, em como sair vitorioso independentemente dos outros. Fui falar sobre Ética, e estavam presentes 5 mil espectadores.

Não fui eu que levei sozinho todas aquelas pessoas, claro que também foram por mim; seria tolo fingir modéstia. Pois bem, quando terminei a palestra num ginásio de esportes, depois de 90 minutos, o público inteiro levantou para bater palma. Todo professor, todo palestrante, todo artista, todo músico gosta desse momento. Mas, naquela circunstância, naquele jeito, quando eu vi 5 mil pessoas aplaudindo de pé, aquela felicidade era minha, mas não era propriedade minha; eu era apenas o usuário dela naquele momento.

Porque aquela felicidade veio junto com Dona Mercedes, que me ensinou a ler e a escrever em Londrina, no Grupo Escolar Hugo Simas, com todos os meus professores e professoras, com todos os amigos com quem conversei, com a família etc. Naquele momento, eu era o usuário de uma partilha imensa; mas, por outro lado, eu não deixei de fruir. Eu não saí daquele lugar com o nariz empinado: "Ah! Eu sou o cara". Mas com uma sensação imensa de fertilidade.

Olhando a minha trajetória como professor, escritor, educador, era eu que estava no palco; mas era uma abundância que caminhava num coletivo mais extenso.

Algumas pessoas mais jovens não imaginam que o nosso país era muito mais pobre há 30, 40 anos. Tínhamos muito menos dinheiro circulando do que se tem hoje. Por exemplo, eu fui o primeiro na minha família que fiz curso superior, o primeiro a fazer doutorado. Hoje, é mais comum pessoas fazerem faculdade. Hoje, mesmo com menos dinheiro, nós vamos mais aos lugares, às vezes comemos em restaurantes. Eu sou filho de gerente de banco com professora. Meu pai não era desprovido de recurso. Ainda assim, poucas vezes saíamos para comer fora. Esse tipo de despesa não entrava no circuito do cotidiano. Carro era um tio que tinha. Havia menos recursos materiais, mas havia um milagre magnífico gerador de felicidade.

Nós não podíamos almoçar sempre fora nos finais de semana. O mais comum era almoçar na casa de alguém, geralmente um parente. Mas quem recebia não podia bancar alimento para todas as pessoas, porque isso seria restritivo. Então, cada um levava um pouco; um levava um frango, outro uma maionese, outro uma lasanha, outro um pedaço de lombo... Na hora de ir embora, todo mundo voltava para casa com um farnel com mais do que havia levado. Isso não funciona na economia, só funciona no afeto. A ciência econômica, no modo como está estruturada hoje, não leva isso em conta. Quando a ciência da Economia foi conectada à ciência da Filosofia, ela permitia isso, mas hoje não mais. Do ponto de vista aritmético, tem-se algo que pareceria uma impossibilidade, que é a soma das partes ultrapassar o todo.

Onde está a felicidade? Na partilha.

Eu tenho algumas sensações de felicidade da infância, de uma tarde de segunda-feira após ter feito as tarefas da escola, estar livre para fazer algo que hoje pode parecer estranho, mas na época era usual, que era reproduzir as batalhas do mundo romano.

Nos anos de 1960 havia nos cinemas muitos filmes sobre o Império Romano, aqueles clássicos do cineasta Cecil B. DeMille, com o Charlton Heston, e ainda não havia a heroificação nos filmes da II Guerra Mundial. Eu tinha um capacete de centurião, um escudo, a clássica espada curta romana, tudo de plástico.

Por volta das 16h30 nós assoviávamos à vizinhança, e vinha todo mundo com seus elmos, espadas e escudos, e revivíamos as batalhas; sem machucar, mas batendo. Quando aquilo terminava, eu ia para casa, arrastando o escudo, como se fosse um soldado centurião no fim da batalha: cansado, cheio de poeira. Ao entrar no chuveiro, aquilo dava uma felicidade, uma sensação da vida plena, uma alegria por estar vivo; não apenas por viver, mas por sentir-me vivendo.

Viver é automático, mas sentir-se vivendo não o é. Não é casual que uma parte das religiões trabalha com a ideia de aprender a respirar de um modo que você não só viva, mas perceba a vida fluindo, de modo sistólico e diastólico. Há uma preferência da natureza pela sístole e diástole; pode ser que seja esse o segredo, porque nosso pulmão expande e encolhe, nosso coração expande e encolhe, nosso sexo expande e encolhe. E nós também, de um blastocisto até um organismo complexo e depois o caminho de volta.

Esta ideia não é só de viver a vida, mas de senti-la, e ter a percepção dela como dádiva. Não estou colocando nisso qualquer ar de religião, mas de religiosidade, sem dúvida. Esse mistério do qual participo, que me faz alegrar quando vejo a natureza em volta ou mesmo a obra humana, quando vejo algumas das máquinas que somos capazes de produzir, de uma engenhosidade admirável, faz-me sentir feliz por ser humano.

Felicidade é transbordamento!

Alegria, bem-estar, euforia... A felicidade é um estado superior a algumas dessas boas sensações.

A alegria é um componente da felicidade, porque a felicidade não é triste; mas a alegria não esgota a felicidade. Ela é uma das formas pelas quais a felicidade pode se mostrar. Mas alegria não significa uma vibração intensa da vida. Não é uma sensação de plenitude da vida, é só um momento em que você ouve algo, vê algo e está alegre. Crianças correndo na escola; essa cena é de absoluta felicidade para elas. Elas estão alegres, rindo, brincando, mas sair gritando, de braços abertos e pular num balanço ou se enroscar na corda e ficar balançando, é uma expressão da felicidade. A alegria não esgota a ideia de felicidade.

O bem-estar é outro aspecto que não chega a ser sinônimo de felicidade. Eu posso ter o bem-estar na hora em que sento e a cadeira está confortável, estou apoiado, e a temperatura está boa. Eu sinto um bem-estar, mas não vou dizer que eu estou feliz.

Euforia vem da expressão *foros*, que, em grego, é "aquilo que leva". Euforia é o que transporta o bom. O bem-estar não se confunde com a felicidade, a felicidade inclui o bem-estar, a alegria, a euforia, mas ela não se limita a isso. Estar só eufórico não significa que você está feliz. Você pode atingir esse estado induzido por alguma droga, como já foi comentado.

Eu prefiro supor que a felicidade é a percepção da abundância da vida. Quando eu percebo que a vida em mim é abundante e quando posso partilhar isso aumenta a minha possibilidade de felicidade.

A vivência da felicidade, quando esta eclode, não exclui nem a alegria e nem o humor. Às vezes me perguntam de onde vem parte do meu bom humor. A própria ideia de humor está ligada a fluidos, a líquidos que circulam. Eu gosto de ser bem-humorado, mas não quero ser um bobo alegre.

E parte disso eu aprendi com meu pai, por conta do modo de criação. O bom humor é questão de atitude. Se você se forma numa família ou num grupo onde as pessoas são bem-humoradas, você começa a sê-lo também. Se você está numa família mal-humorada, não tem saída.

Nasci em Londrina e, até os meus 12 anos de idade, naquela parte do Estado do Paraná não havia rodovias asfaltadas. Todas as estradas eram de terra. Meu pai circulava de jipe, com capota de lona, o que em algumas épocas do ano, com aquele calor do Paraná, fazia levantar poeira para todos os lados. Todo começo de noite ele chegava em casa com poeira de cima abaixo, só dava para ver o branco dos olhos.

Em vez de ele chegar e lamentar a vida, praguejar, xingar, meu pai dizia: "Olha como sou abençoado. Hoje quebrou o jipe na estrada e não estava chovendo". A gente, em vez de olhar com pena, achava ótimo o modo como ele dizia. Em outra ocasião ele disse: "Olha como Deus gosta de mim, acabou a gasolina e faltavam só dois quilômetros para o posto..."

O que ele nos ensinava: Quando você olha uma porta, tem de prestar atenção na fechadura, mas tem de ficar mais atento à maçaneta. Você não pode abrir uma porta desconhecendo que ela tem uma fechadura, mas as pessoas ficam tão fixadas na fechadura que não dão atenção necessária à maçaneta. E a vida, enquanto solução de fertilidade, é feita de maçanetas, e não de fechaduras.

A própria natureza faz isso. Ela encontra os seus caminhos. Será que a humanidade perece? É uma probabilidade. Será que o planeta será mais feliz sem nós? Como não se pode aplicar esse conceito de felicidade fora do mundo humano, fica difícil qualquer formulação, mas é possível afirmar que menos agredido o planeta seria, dado o nível de malefício a que o submetemos. Outro dia, numa matéria sobre vida em outros planetas, citei o escritor carioca Millôr Fernandes, que dizia que a prova concreta de que existe vida inteligente fora daqui é que eles nunca vieram nos visitar...

Ora, quando Tom Jobim fala que é impossível ser feliz sozinho, é porque fruir a felicidade sozinho é possível, mas não por muito tempo. Eu consigo até fazê-lo, mas vou me deparar com muitas circunstâncias que anulam essa percepção. Não é que eu preciso pensar apenas em quem está sofrendo em outro lugar, mas é que nós somos não só seres capazes de felicidade, mas somos capazes também de compaixão.

A compaixão é um sentimento necessário à nossa humanidade, mas ela é bloqueadora da felicidade exclusiva. Não dá para eu ser feliz com as vicissitudes que estão acontecendo o tempo todo.

Eu estava vendo uma matéria sobre um campo de refugiados no norte do Iraque, em que o Estado Islâmico (EI) estava oprimindo a minoria religiosa, que é muito anterior ao islamismo. E o EI mata as mulheres, as crianças. Ainda assim, as crianças estavam brincando. A flor também nasce no meio do asfalto. A natureza resiste. De repente, uma planta brota num lugar absolutamente improvável. Uma capivara aparece passeando na beira do Rio Tietê, em plena cidade de São Paulo. Um gavião pousa em cima de uma torre de televisão.

A vida é resistente, ela transborda. E essa é outra percepção que tenho em relação à felicidade; a do transbordamento. Eu sempre digo isso. Quando você coloca água no copo a água se conforma ao copo, fica aprisionada pela forma do copo. Acho que vida partilhada é aquela que transborda. A água parada fede e se torna inútil se fica reclusa. Uma água para fertilizar tem de sair daquilo que é o continente dela. Aquele conteúdo precisa ultrapassar a borda do continente. Por isso, uma das forças maiores da ideia de abundância para mim é não só a partilha como a doação voluntária daquilo que a vida expressa, mas a encarnação da caridade.

O conceito de caridade, olhado de um modo mais positivo que apenas o serviço prestado a outra pessoa, é muito forte. No grego arcaico, a noção de caridade é ágape, a ideia de amor fraterno. Por isso, a caridade aparece entre as virtudes teologais do cristianismo e, mais tarde, do cristianismo católico, que é: fé, esperança e caridade. Mas caridade aí entendida no sentido clássico de amor fraterno. E não a caridade como doação filantrópica, aquela em que "eu vou ajudar os outros porque eu tenho bastante". Não é essa lógica, e sim algo mais elevado do que essa condição.

Muitas vezes essa sensação de felicidade resulta de fazer algo que, olhado a distância, torna-se menor. Eu me lembro que, por volta dos meus 14 anos, integrava um grupo que fazia visita em apoio a algumas favelas próximas ao pico do Jaraguá, na cidade de São Paulo. Aos domingos, nós passávamos lá, ajudando as pessoas, conversando. A maior parte daqueles moradores não era alfabetizada e nós escrevíamos cartas aos parentes etc. Eu saía de lá com uma felicidade imensa. O fato de ser útil para outras pessoas me dava a sensação de felicidade.

Hoje, olhando a distância, eu diria que aquela felicidade era muito reduzida. Ela era real, eu saía de lá feliz por ter ajudado os outros. E, vez ou outra, eu pensava: "Será que estou feliz por elas serem ajudadas ou por ajudá-las eu me sinto superior?" Essa questão me infelicitava; vinha-me à cabeça: "Estou ajudando; portanto, eu sou bom".

Pouco a pouco fui separando aquilo que era uma percepção equivocada – em que eu ia fazer algo para me sentir bem – da razão de elas estarem mal. No momento em que eu conseguia fazer um movimento em direção às pessoas necessitadas – de ajudá-las porque elas estavam mal e, portanto, ter um amor fraterno –, mais do que por eu me sentir bem de fazê-lo e aquilo ser uma ocasião de eu me levar a mim mesmo, aí eu conseguia ficar feliz de novo.

Toda vez que eu consigo partilhar o meu conhecimento – que é a minha atividade –, quero que a outra pessoa o tenha, dado que aquilo também fará bem a ela, e isso não é algo que apenas me exalta porque eu sou o ponto de partida; a fruição, o aproveitamento, o degustar é muito mais forte do que se fosse apenas uma doação.

Ver a abundância colocada desse modo, e remetendo à pergunta que dá título a este livro: *Felicidade foi-se embora?*, posso responder: "Às vezes". Ela vai e pode ir e voltar tal como as águas do mar. • Ela vai embora sempre? "Não." • Em meio ao campo de refugiados eu posso ver situações felizes? "Claro." • Posso ser feliz com o campo de refugiados? "De maneira alguma." A existência dele nos transtorna.

Mas isso não significa que eu vá me abafar a ponto de me tornar impermeável à ideia de felicidade: "Eu não tenho como ser feliz num mundo que sofre, onde há fome". Essa impermeabilidade do "eu não posso" é muito reducionista.

Eu não posso obscurecer a existência das mazelas; mas eu não posso fazer com que as mazelas tenham mais uma vitória. Isto é, além de já produzirem o sofrimento que produzem, ainda soldam em mim as frestas em que a euforia de uma vida mais fértil possa vir à tona.

Felicidade é simplicidade!

Eu tenho esta frase: "Uma pessoa é tão mais feliz quanto menos chaves ela tiver". Porque quanto mais chaves você tem, mais está atrelado a coisas que, em vez de você possuir, elas te possuem, pois precisa tomar conta delas o tempo todo. Eu digo que o homem feliz é aquele que teria uma chave, que pode ser da moradia ou do lugar onde ele está. Mas se eu tenho a chave do cofre, a chave do escritório, a chave do carro, a chave da casa na praia, a chave da escrivaninha, tudo isso me aprisiona. A redução do molho de chaves é um indicativo de felicidade. Muitas vezes as chaves são das coisas que me possuem, não das minhas propriedades. Tanto que, por causa das coisas que eu abro com essas chaves, muitas vezes eu durmo menos, tenho menos saúde, encontro menos as pessoas.

Ligar a felicidade à ideia de consumo a ponto de algo infelicitar mais do que o prazer de ter algo que já foi conquistado, é uma demência. É um sintoma da doença do século. Coloca-se a consumolatria como sendo fator gerador de felicidade. É o contrário. Alguns também dizem que o pobre é mais feliz porque tem menos problemas e menos coisas para pensar. Isso é uma tolice. Uma pessoa não pode ser mais feliz se ela é mais carente. O que há é muita gente que tem uma vida mais simples, menos marcada pela propriedade, isto é, com um número menor de chaves, e com mais condição de admitir que, nos momentos em que a felicidade pode emergir, ela realmente se faça presente.

Por mais estranho que isso possa parecer, há todo um mundo do consumo que passa essa percepção de que se você for proprietário, então será feliz. É claro que esse mecanismo torna-se insaciável. Vou usar de novo uma frase que eu gosto do teólogo Agostinho: "Não sacia fome quem lambe pão pintado". Você não mata a fome porque fica lambendo o desenho de um pão. E esse consumo desesperado é apenas uma representação, porque ter por ter remete ao que Millôr Fernandes lembrou: "O importante é ter sem que o ter te tenha". O consumo desesperador é um desvio de foco. Ainda assim, esse tipo de comportamento encontra uma grande adesão em quem tem recursos. Quem não tem passa a lidar com o sofrimento e a frustração de não ter. E existe também uma mídia de massa que trabalha o tempo todo de forma indutora nessa direção. Aí a pessoa entra num campo do massacre ideológico a partir de uma determinada perspectiva.

Por outro lado, nota-se também um movimento, por parte daqueles que são mais possuidores, de desaderir ao mundo do consumo desesperado. Curiosamente, os primeiros passos de desapego vêm das elites. Porque como isso de fato não felicita, a ideia de desapegar começa a aparecer como um valor. E isso vai se transferir depois como ideologia, por intermédio da música, da arte, para as outras camadas. Camadas essas que não começaram a consumir ainda. E aí se cria um choque de percepções e de desejos. Aqueles que já são muito possuidores querem se desapegar e aqueles que nada têm querem entrar no mundo do consumo. Vivemos esse descompasso.

E essa é uma questão que extrapola as diferenças de classe quando se pensa na capacidade de o planeta atender aos recursos necessários nas demandas de consumo. Esse é um tema para a sociedade refletir e, sobretudo, adotar novos hábitos de consumo. No mínimo, para termos a possibilidade de sermos felizes, sem a ameaça da extinção da nossa espécie.

Algumas práticas religiosas fazem residir a felicidade só na morte. Não é casual que muitas vezes, quando uma pessoa morre, se diga: "Que olhar sereno". Enquanto você chora, aquele que ali está guarda uma fisionomia serena. A palavra "cemitério" significa, em grego, "lugar para dormir". Aquele em que se encontra a paz. Mas a felicidade não é a presença exclusiva da paz. Você pode ter felicidade em meio a uma situação turbulenta. O escritor francês Voltaire brincou com isso quando escreveu *Cândido*, em que o personagem que dá título à obra está caminhando entre dois exércitos que se massacram, com sangue voando para todo lado. Ainda assim, acreditando no que dizia o mestre dele, Pangloss, imaginava estar no melhor dos mundos, e saía feliz em meio ao massacre. Mas ele não está sendo feliz; está sendo tolo, está alienado. Por isso é que eu mencionei haver diferença entre felicidade, euforia e insanidade.

O que alguns capturam com dificuldade é o quão grande é a sedução da simplicidade. É moda ficar hospedado em favelas no Rio de Janeiro. Vir de fora e estar numa favela e participar da feijoada do sábado; ir para um grupo de pagode embaixo da árvore. Às vezes, o sujeito vem de primeira classe e há todo um charme nessa lógica de que "eu preciso fazer parte de uma escola de samba", onde as pessoas de fato são felizes porque elas ensaiam, se divertem. Toda telenovela que encanta, que não é de época, tem um núcleo de gente pobre e feliz. O pessoal que gosta de se encontrar no bar, que vai para a praça, que de noite se junta, de chinelo, bermuda e camiseta regata, e ali fica cantando, batendo papo. Claro que isso é a idealização da pobreza, mas essa felicidade também existe. Todas as vezes em que vi alguém que pertencia às elites econômicas ir até o local onde moram pessoas com condições muito precárias, surgia a percepção de que havia felicidade ali. Até na coisa mais dura de se fazer, que é bater laje, levantar concreto, puxar o balde num sabadão, debaixo de sol. Mas depois, tem o churrascão com música em cima da laje.

Um dos equívocos do modelo ideológico de alguns grupos políticos que assumiram o poder mais recentemente – e isso Frei Betto disse em uma entrevista em 2015 –, é que o governo encaminhou todo o esforço econômico para o consumo, em vez de carrear para a construção de uma vida coletiva mais sólida. E pode-se observar nos últimos anos no nosso país uma certa revolta de parte das elites com a felicidade dos pobres em algumas situações. A felicidade no modo de caminhar, de cantar, de estar. É um significativo contraponto a essa existência meio *fake* das elites, em que é preciso representar o tempo todo, em que a pessoa está sempre como uma personagem. Essa constante encenação infelicita muito, porque esse é um modo de não ser autêntico.

Uma das coisas que gera felicidade é autenticidade. Você fica feliz quando é o que faz, o que fala e o que mostra. Isso lhe deixa inteiro, a vida vibra com mais força. A inautenticidade conduz ao sofrimento. Afinal de contas, autêntico é aquele que coincide consigo mesmo.

Eu não tenho qualquer fixação em carro; jamais teria uma Lamborghini, uma Ferrari, porque eu não gosto de carro, não me encanta. Também nunca tive um relógio que custasse mais do que 20 dólares. Porque, para mim, ele tem uma única finalidade: mostrar a hora. Nada mais. Não é que eu sou simples. Se eu for tomar um uísque, quero um uísque bom. Se ele for 12 anos, melhor ainda. Se for 18, animo-me mais. Não é que sou simples, mas é que existem coisas desse mundo do consumo que não me encantam. Não é porque alguém tem alguma coisa que eu quero ter também.

Mas, no geral, a grande marca do massacre é fazer com que as pessoas sejam infelizes pela privação. Até a propaganda, que agora está bloqueada para as crianças, trabalhava muito nesse diapasão: "Seu pai não tem esse carro", "Você não tem essa boneca, a sua amiguinha já tem". É uma canalhice fazer uma propaganda que induza a pessoa a supor que a não propriedade de um bem seja marca de diminuição dela mesma.

Muitas pessoas, no entanto, se não tiverem algum produto da moda, alguma novidade tecnológica que os demais possuem, ficam com a sensação de que estão excluídas.

Se vale a ideia de Tom Jobim de que é impossível ser feliz sozinho, o mundo digital, em que as pessoas estão conectadas e compartilhando informações quase o tempo todo, seria o reino da felicidade? Não é bem assim.

É inegável que há um exibicionismo muito forte no universo das redes sociais, como se a pessoa devesse dar satisfação aos outros. Há a impressão de que se alguém não mostra que está na praia, em uma cidade encantadora ou que está comendo um prato absolutamente delicioso, pode ser que as pessoas a admirem menos. Isso também decorre de um problema de autoafirmação que alguns têm. Há um tipo de postagem da foto de uma paisagem ou de um prato, que é uma partilha, em que o subtexto é: "Queria tanto que você estivesse aqui comigo". Há uma outra postagem que é só exibição: "Olha aqui onde eu estou, ó!" "Olha como eu sou feliz. Não vai esquecer, hein?"

Essa ideia de uma partilha exibicionista segue a lógica de que "Eu sou feliz, mas preciso mostrar e alguém tem que dizer que curtiu. Isso faz com que eu me sinta mais apreciado". Mas o fato de eu me sentir apreciado não significa que eu esteja vivendo um momento com essa condição. Há pessoas que têm muito mais alegria em mostrar o que estão comendo do que na degustação daquele prato. Nessa hora é muito mais simulacro do que de fato uma fruição. A pessoa precisa identificar se o que ela gosta é fazer o que faz ou é mostrar que está fazendo.

Essa vida pautada por *likes* e *unlikes* é muito estranha. E há pessoas que se sentem muito infelizes porque postam como se atirassem uma garrafa ao mar com um bilhete dentro e ele não volta. Há algo equivocado quando você começa a medir o seu nível de felicidade possível pelo número de seguidores que tem e, mais do que isso, chamá-los de "amigos". Outro dia, num debate, alguém dizia ter mais de 10 mil amigos. Eu disse: "Não é possível, não conheço ninguém que tenha mais de dez amigos". Se você tiver mais de dez amigos, você não os tem. Você pode ter conhecidos, colegas, mas amigo é outra coisa, tem a ver com o afeto dedicado.

A ideia de que eu preciso estar sendo visto para poder ser feliz, isto é, o anonimato como sendo resultante de um desprezo, de um abandono, pode, sim, nesse mundo digital, infelicitar as pessoas. Não é casual que as redes sociais tenham aumentado as perspectivas de suicídio em algumas sociedades. Se a pessoa não se sentir reconhecida, lembrada, gostada pode ser conduzida à infelicidade profunda, que chega à tristeza e à depressão.

Mas há pessoas que conseguem nas redes conectar coisas que as deixam felizes, mesmo que por um tempo, como é a felicidade. Encontrar a sua turma do ginásio, depois fazer uma reunião – que vai ser uma vez só; na primeira, todos gostam, lembram de tudo o que brincavam com a professora, com a servente; na segunda não têm assunto porque cada um seguiu a sua trajetória.

Ainda assim, esse episódio do reencontro em que a sua história começa a fazer sentido, recusa o que o filme *Blade Runner* (Direção de Ridley Scott, 1982, 117min) procurou trabalhar. Se você é replicante, não tem memória. Quando você tem memória tem vida de verdade, você não é uma máquina.

É claro que essas conexões, com essa preservação da memória, mesmo que fugaz, leva-me, sim, a querer curtir uma paisagem, ver um prato, enxergar alguém, e postar. A postagem tem vários sentidos. Duro é o nível de dependência que algumas pessoas chegaram em relação a essas plataformas digitais, gerando angústia imensa de ficarem desconectadas.

Sim, é impossível ser feliz sozinho; mas se você se juntar a "qualquer um", isso não é sinal de sua felicidade.

Felizmente, isso não ocorre para todos; há várias pessoas que recusam essa lógica. São pessoas mais autênticas.

Felicidade é transitória!

Se a vida está boa, será que vai piorar? É verdade que existe uma cautela em relação à fruição muito intensa, à vibração muito grande. Nossos avós já diziam: "Não há mal que sempre dure nem bem que nunca se acabe". Nessa hora, nós, em grande estado de euforia, de animação, de vitalidade, de vibração, vamos imaginar: "Isso vai terminar". Essa expectativa acaba gerando ansiedade; ademais, muita gente à nossa volta nos alerta para isso: "Você está muito alegre, sossega". A música *A felicidade*, de Tom Jobim e Vinicius de Moraes, também nos alerta: "Tristeza não tem fim / felicidade, sim".

Portanto, há todo um entorno à ideia de felicidade como se ela fosse um direito parcial, isto é, a ser consumido com moderação. E essa visão de alerta em relação à felicidade, que não deve ser entendida como algo permanente, está ancorada na ideia de felicidade como estado contínuo, e não como uma ideia de ocorrência, de ocasião específica em que se aflora essa condição de ser feliz.

Se eu entender a felicidade como um estado permanente, como um moto-perpétuo, é óbvio que ele sofrerá interrupções em vários momentos, porque a vida real é mesclada por perturbações, por turbulências.

Eu nunca esqueço de um quadrinho do *Frank and Ernest* (criado e ilustrado por Bob Thaves e, posteriormente, por seu filho Tom Thaves), em que o Frank está sentado diante de um psicanalista com aquela mesa lotada de cachimbos, atrás alguns quadros de Freud, e só tem uma fala: "Eu não quero fugir da realidade, doutor. Eu só quero que ela me deixe em paz um pouquinho..."

Como a gente sabe que não existe – ao contrário do que o filósofo alemão Immanuel Kant talvez supusesse – paz perpétua – que é o nome de um de seus projetos (*À paz perpétua*, 1765) – ou felicidade contínua, essa ideia de que você pode a qualquer momento tropeçar é inerente à possibilidade de a felicidade não ser um estado contínuo.

Nós mesmos, no entanto, absorvemos essa ideia. Por exemplo, eu desconfio de mim mesmo, vez ou outra, quando estou num momento de intensa vibração vital. "Está muito bom, alguma coisa pode acontecer..." Essa forma de expectativa, isto é, de aguardar o que será negativo, é um sinal de inteligência. Como nós somos um ser histórico, ao contrário de outros animais, temos uma percepção de passado, presente e futuro. Nesse sentido, porque eu olho as minhas experiências anteriores, sou capaz de imaginar – não ao modo pavloviano, de estímulo e resposta, mas de adensamento de experiência: aquilo que estou vivendo agora, com a percepção de algo não contínuo. E, por conseguinte, ficar também no aguardo do que virá em relação ao negativo.

Às vezes caímos na armadilha de pessoas que se irritam com aquele nosso momento feliz e ficam nos alertando – ou até mesmo praguejando – em relação a isso. Eu sempre brinco que há uma diferença entre a mãe alemã e a mãe latina. A mãe germânica avisa: "Cuidado, que você pode cair". A mãe latina pragueja: "Você vai cair daí!"

A primeira delas é um alerta, a segunda, uma profecia, que pode ser cumprida, inclusive para você aprender. Porque, por mais estranho que pareça, é no desabamento que você vai aprender. Se você não aprende no cuidado, aprende no fato equivocado.

É muito usual encontrar pessoas pela vida afora que, quando você está num momento feliz, ela se sente na obrigação de dizer: "Cuidado, não é sempre assim". Não é que, às vezes, ela não consiga partilhar com você aquele momento. A intenção dela é falar aquilo até para lhe proteger.

Mas nós sabemos que não é sempre assim. No entanto, precisamos ser alertados de vários modos. Por exemplo, quando o meu time de futebol obtém uma vitória estrondosa, magnífica, e estou no estádio naquele momento feliz partilhando com outras pessoas aquela condição, é evidente que eu sei que ele pode perder mais adiante, como já perdeu várias vezes. Mas eu não quero que aquele momento seja interrompido. Não tem cabimento ser tão estraga-prazer naquela hora: "Olha lá, mais adiante pode tropeçar". Isso bloqueia o fluxo de felicidade que se pode ter naquela ocasião. E algumas pessoas se autossabotam: "Bem, eu estou assim. Então é algum aviso dos deuses de que alguma coisa vai acontecer". É como se dissesse internamente: "Eu não posso, eu não tenho direito de ser tão feliz assim".

Sim, existe a possibilidade de algo ruim acontecer, mas não é obrigatório. Não há uma conexão direta entre o estado de euforia, felicidade, vibração e um momento de amargura. Como se o ditado fosse invertido: "Depois da bonança sempre vem a tempestade". Claro que não.

Existe um outro quadrinho, do Angeli, que eu guardei durante anos na minha agenda. São quatro cenas. Na primeira, uma mulher está pulando no meio de um gramado e o sujeito que a acompanha pergunta: "Marilda, por que está tão saltitante?" No segundo quadro, percebe-se que ela está absolutamente vibrante. No terceiro quadro, uma pedra acerta a cabeça dela. No quarto, o cara que a acompanhava e que a atingiu com a pedra, diz: "Antes que fizesse alguma besteira".

Tudo isso, claro, dentro da perspectiva de que a felicidade em algumas circunstâncias tira a racionalidade. Eu não tenho dúvida de que é verdade, pois toda emoção muito forte, aquela que faz vibrar, seja o ódio, seja a alegria, seja a percepção da felicidade, seja a tristeza profunda... perturba a reflexão. Porque arrebatadora, isto é, ela captura, eleva ou afunda, retira uma parte da capacidade de discernimento.

Agora, nós só temos essa percepção porque vivemos com outras pessoas. Há momentos em que eu consigo fruir sozinho nessa condição. Outro dia estava vendo um estupendo pôr do sol no sul da Bahia, depois de ter feito uma palestra no hotel em que eu estava hospedado, e aquilo me preencheu de um modo tão intenso, de poder participar daquele mistério — ao mesmo tempo credor daquilo como alguém que merecia — que ninguém ia estragar aquele momento. Eu sabia que não ia durar, mas não tinha importância. Vinicius de Moraes capturou o "que seja eterno enquanto dure", que é um verso de uma profundidade imensa. Só os tolos reparam na mera e contínua fluidez em vez de perceber o instante em que aquilo assoma.

A pessoa que cria obstáculos aos meus momentos, apenas pelo dever que sente de me dizer que a felicidade não é um estado contínuo, age como os idiotas da objetividade, na denominação do escritor pernambucano Nelson Rodrigues. O idiota da objetividade é alguém que diz: "A vida é assim, você não está entendendo?", e, portanto, abate as minhas asas. Uma coisa é fazer o que fez o pai de Ícaro, que disse: "Não faça isso, senão você vai se aproximar muito do sol". Outra coisa é dizer a Ícaro: "Não voe". São posturas muito diferentes.

Eu gosto de brincar com uma frase, sem autoria definida: "Eu não sou supersticioso porque acho que dá azar". A ideia de superstição é muito forte dentro da nossa convivência. Afinal, existe uma série de ritos e mitos com os quais convivemos para poder dar uma certa lógica à nossa própria existência. Se nós não tivéssemos a superstição, o mundo ficaria muito mais irracional do que ele é. Apesar de a superstição ser uma irracionalidade, o mito, especialmente o supersticioso, dá muito mais racionalidade, pois oferece explicação àquilo que não tem explicação: "Você é mais rico do que eu porque tem sorte". "Você teve sucesso porque foi protegido". E o que é o olho gordo? É a capacidade de minar a sua força e a sua energia. Não precisa de olho gordo para as coisas darem errado.

Elas darão, de algum modo – não obrigatoriamente, como diria Murphy –, mas como possibilidade. Afinal de contas, vida é processo, processo é mudança e mudança também é para direções não desejadas. Não podemos, no entanto, tomar a superstição como um elemento a ser descartado. Ao contrário, a superstição, a mitologia, aquilo que seria o campo do "enfeitiçamento da vida", é um elemento-chave para a racionalidade.

O Sobrenatural de Almeida, personagem criado pelo escritor Nelson Rodrigues, responsável por fatos inexplicáveis, tem de existir. Se não há o Sobrenatural de Almeida, não há explicação. Quando se diz que o futebol é uma caixinha de surpresas, ele o é, de fato. Mas para eu explicar coisas absolutamente inexplicáveis, preciso da superstição; por isso, a superstição é um elemento de racionalidade. E quando alguém coloca um olho gordo sobre mim, quando alguém faz um trabalho contra mim, quando alguém despacha algo na minha direção é um sinal de que há o lado de quem age – ele não deseja que eu esteja daquele modo –, mas também há o meu lado racional, como se dissesse: "Tá vendo? Não ia durar mesmo". "O número de pessoas à minha volta querendo a minha queda estava me secando. Não teve jeito". A superstição é uma grande chave da ordem do cosmos numa realidade que, em grande medida, se assimila caótica. A superstição organiza, junto com a razão, aquilo que é a nossa desordem. E ela dá sentido: "Tá vendo? Secou mesmo".

Há pessoas que acham que o caminho para a obtenção da felicidade acontece por meio de algumas conexões com forças misteriosas. Isso pode entrar no campo da superstição, pode ser um componente de religião *stricto sensu*, pode estar ligado àquilo que no passado se chamava de mitologia. De qualquer modo, "Se eu não agradar os deuses, eles podem se desagradar de mim, e aí o troco é muito forte". Então, vem o mau agouro.

Por isso Voltaire tem uma frase que eu uso muito: "Deus é contra a guerra, mas fica ao lado de quem atira bem". Quem vence é quem atira bem. Ao lado de quem Deus está? Dos dois.

Os gregos resolveram isso de um jeito fácil, há 2.500 anos. Pegaram o Olimpo e dividiram os deuses em simpatizantes e antipatizantes desse grupo ou daquele. Os deuses não estavam todos ao lado dos gregos. O curioso da plêiade grega de divindades é que uma parte apoiava os inimigos da Grécia e outra parte apoiava os próprios gregos, os deuses gregos. Portanto, eles solucionaram facilmente o impasse: as forças superiores comandam e a gente apenas vivencia.

Isso toca num outro tema, que é a compreensão que muita gente tem da vida como tragédia, portanto, de algo que está fora da minha capacidade de controle, e não a vida como drama. O cristianismo introduzirá, a partir do judaísmo, uma concepção dramática da história do indivíduo e da sociedade. Vida é escolha. Tanto que na lógica judaica, o que Adão e Eva fizeram resulta de escolha. Foi dito a eles: "Não façam". Fizeram porque quiseram. Essa é uma concepção dramática. O drama é uma construção humana, que é perturbadora, mas tecida pelo próprio humano.

A concepção greco-romana é trágica. Isto é: "Tanto faz a escolha que você faça, os deuses já decidiram". A sua escolha é absolutamente indiferente. A única coisa que você ouve no *teatrum* é a risada dos deuses. Riem do esforço humano de fazer o que se está tentando fazer. "No fundo, no fundo, seu sangue vai correr do mesmo jeito, você vai ver. Você é o bode expiatório." Aliás, "tragédia", em grego, é "o canto do bode", *tragoi*.

Nós, ocidentais, especialmente num país como o nosso, embora tenhamos uma formação cristã em larga medida, encaramos o mundo como drama; nossa percepção quanto à felicidade ou à infelicidade é trágica. Boa parte das pessoas deposita nas mãos de Deus o resultado que terá a partir da fonte que emana. Por isso, quando o jogador de futebol diz "Deus me glorificou" ou "Deus não quis", é uma questão que está fora dele, não foi ele quem fez. O movimento trágico-dramático é muito contraditório dentro da nossa percepção.

Pessoas que têm uma concepção trágica da existência, de maneira geral abafam os momentos de felicidade com muita facilidade, porque dão muito mais ênfase àquilo que é impossibilidade do que àquilo que é possibilidade.

A felicidade também é a capacidade de conduzir a si mesmo, ainda que dramaticamente. Há uma grande felicidade em ser livre, não no sentido de soberano, mas de poder decidir sobre si mesmo sem ofender as outras pessoas. Há sim uma conexão forte entre felicidade e liberdade. A ideia de sair caminhando sem rumo em alguns momentos, sem obrigações, sem ocupações, pode deixar algumas pessoas felizes. É muito bom ter tempo livre, vez ou outra, para dar uma caminhada, sair por aí, vagando, vagabundeando, sem qualquer obrigação. É gostoso dar aquela passeada.

Claro que isso é uma das representações, porque há diferença entre ócio e desocupação. Uma pessoa desocupada não tem ócio. O ócio é a não obrigatoriedade do uso do tempo para algo específico. Por exemplo, preso não tem ócio. Nem desempregado. Ócio é escolha. Quando eu tenho ócio, isto é, disponho de um tempo e posso escolher o que dele fazer, fico mais feliz.

Quando você espreguiça na sala no sábado de manhã e diz: "Que bom, hoje eu não tenho nada para fazer". Não é "não tenho nada para fazer", é "eu tenho tudo o que eu quiser para fazer, que estiver na minha condição", porque nada há de obrigatório. Estou para mim. Livre, leve, solto. Isso, sem dúvida, dá uma possibilidade maior para a felicidade. Desde ver cachorro brincar na praça, ver formiga, caminhar à toa.

O pensador suíço Jean-Jacques Rousseau observava: "A espécie de felicidade de que eu preciso não é tanto a de fazer o que quero, mas a de não fazer o que não quero". A liberdade não é só fazer o que você quer, mas também não ter de fazer o que você não quer. E a felicidade não é algo que se ausente dessa condição de liberdade.

O filósofo alemão Karl Marx fazia uma distinção muito marcada sobre liberdade, que também tem a ver com a ideia de abundância. Ele dizia que existe uma diferença entre ser "livre de" e "livre para". "Livre de" é livre das condições do reino da necessidade: livre da fome, livre da falta de moradia, livre da falta de saúde, livre da falta de trabalho. "Livre para" é o reino da liberdade.

Só quando eu sou "livre de" é que posso ser "livre para". Mas, mesmo pessoas que têm sua liberdade restringida, porque ainda são prisioneiras das suas carências materiais, desfrutam de momentos em que a felicidade vem à tona.

Uma das coisas mais admiráveis que as elites não conseguem entender é como pobre pode ser feliz. "Como é possível?" É possível porque a felicidade não é algo restrito às condições materiais.

As condições materiais podem favorecer a ausência de sofrimento, mas elas não são produtoras de felicidade.

Felicidade é espiritualidade!

A espiritualidade é também um dos modos de se trazer a felicidade, que pode eclodir de várias maneiras, como a resultante de uma obra que eu fiz e tenho orgulho de tê-la feito; a felicidade por estar me sentindo amado e, por isso, a vibração que a vida dá... Mas a felicidade também por pertencer a esse estupendo mistério, que é a própria vida. Eu não deixo de ter uma percepção de reverência à vida toda vez que me deparo com a natureza. Somos parte dela. Não é só a obra humana que me encanta; a natureza também. E, para mim, ela é marca de espiritualidade.

Outro dia, estava voltando de Chapecó, no oeste catarinense, num voo que sai em direção a Florianópolis, às 5 da manhã. Inverno. Céu absolutamente estrelado, nítido. E o avião voou durante 46 minutos em direção ao nascer do sol.

Aquela representação pictórica é deslumbrante. Esse deslumbramento é magia, magia é metafísica. Quando olhei aquilo não tive como não perceber o abraço dos meus ou das minhas; o carinho de uma comida feita, o que a minha mãe faz antes de me servir, um talharim no azeite e alho, cortar um tomate cereja em quatro para formar o desenho de uma flor. Isso é espiritualidade em reverência à vida. A vida não é mera banalidade biológica.

Mas há também a obra humana! Há cerca de 30 anos, a filósofa Terezinha Azerêdo Rios e eu estávamos em Natal, no Rio Grande do Norte, para uma série de atividades. Numa sexta-feira, após trabalharmos o dia todo, fomos a um bar, que tinha um quintal. Pedimos uma cerveja, uma carne de sol, e havia uma lua belíssima num céu completamente estrelado. De repente, veio um menino, de uns 12 anos de idade, com uma caixinha da qual tirou uma clarineta; sentou-se ao pé de uma jabuticabeira e começou a tocar *Summertime*. Nunca mais a Terezinha e eu nos esquecemos daquela cena, que foi de uma magia, de um encantamento inacreditável. É claro que eu ficaria feliz em ouvir alguém tocar *Summertime* sob uma jabuticabeira, debaixo de uma linda lua, em Natal, com aquela brisa. Mas com a Terezinha, essa cumplicidade fez com que ficássemos felizes outras vezes desde aquele dia.

Tal como você fala com um amigo, uma amiga ou alguém com quem teve uma relação afetiva: "Lembra de tal coisa?", e aí de novo você recorda. A palavra "recordar" significa exatamente isso: passar de novo pelo coração. Ter presenciado aquela situação me deixou absolutamente feliz naquele momento. Mas, por tê-la partilhado com a Terezinha, cada vez em que nos encontramos, dizemos: "Lembra daquele menino?", e o nosso coração de novo fica pleno. E essa plenitude é também espiritualidade que doma o tempo!

Daí o nosso hábito durante muito tempo no século XX de olhar fotografia: recordar momentos. A mãe que fazia o álbum guardava a primeira mecha de cabelo, o primeiro dentinho que caía. Hoje há um certo apressamento e não dá mais para se fruir as fotos, porque uma sucede a outra numa velocidade tão grande que já fica mais difícil prestar atenção. Há uma substituição muito veloz desses momentos que podem produzir emoção, o que leva a alguma banalização até dessa expressão.

Tudo isso, ou seja, a presença de circunstâncias de felicidade, não me obriga a imaginar que exista uma divindade exclusiva que as rege, as produz. Mas também o inverso é verdadeiro. Não me leva a excluir. Eu não posso dizer: "Sim, existe uma força única de onde emana toda essa condição". Mas também não posso dizer que não haja uma ou mais forças, porque isso é tão belamente misterioso, tão intrincado na sua percepção, que a ausência de um sentido que ultrapasse a materialidade para mim é incompreensível.

Há muitos caminhos para olhar para além do visível. Para os gregos antigos, felicidade é *eudaimonia*, isto é, ter *bom espírito*; como *daimonión* – de onde mais tarde alguns vão encontrar o termo negativo *demônio* – é o "espírito interior", que aconselha e protege. Os filósofos, inclusive, acreditavam que havia em cada um de nós um ser sobrenatural, que, de outra forma, seria uma espécie de "anjo da guarda".

A primeira reflexão mais intensa na filosofia ocidental sobre a felicidade é feita por Sócrates, quando ele começa a falar sobre as virtudes, mas ele não tematiza a felicidade em si. Quem vai puxar isso de um modo especial na filosofia – e tem a ver com a frase de Jesus: "Quero que tenhais vida e vida em abundância" – é Aristóteles, quando constrói *A política*. Nessa obra, ele vai dizer que a finalidade da política é a felicidade. Para Aristóteles, isso é um projeto. Em português, dá um trocadilho maravilhoso, que é "feliz cidade". Retomando essa ideia de Aristóteles, a felicidade é entendida como o bem-estar coletivo. Isto é, vida em abundância para todos e todas. Se imaginarmos que Aristóteles está numa sociedade escravagista, em que há escravidão por dívida, por conquista, é claro que a noção dele de todos e todas é mais restritiva do que usamos atualmente; mas, ainda assim, é um passo nessa direção.

A filosofia no mundo greco-romano vai lidar com a felicidade de vários modos. Para Platão, seria possível com a contemplação da verdade presente nas ideias perfeitas; para Aristóteles, viria da ação política; para outros, a felicidade reside na frugalidade. O Imperador Marco Aurélio, por exemplo, que também era filósofo, seguidor das ideias do estoicismo, entendia a felicidade como indiferença ao sofrimento – em parte assemelhada no budismo. A percepção estoica é que você é feliz porque não sente nada. Ataraxia, "nada me atinge". E você será feliz se estiver conformado. Quase que a fórmula para capturar a felicidade seria acatar que "a vida é assim".

Na tradição judaica, reinventada ao seu modo próprio pelos cristãos e islâmicos, até a divindade se admira e se alegra com o que existe. No Livro do Gênesis, a felicidade aparece na divindade, tanto que, toda vez que termina um pedaço da obra, o relato do livro diz: "E viu que era bom". E no sétimo dia descansa, senta para ver a obra. É óbvio que uma divindade não precisa descansar, mas também é óbvio que ela não é imune à necessidade de fruição da obra, entendida nessa tradição como perfeita, a tal ponto que fez dois seres completos, livres até para errar, porque se não podem errar, não são livres e, se não são livres, não são completos e, aí, viva a liberdade, que nos permite afastar o malefício e escolher o benefício.

Por isso eu sempre digo que o transcendente não é impossível; ele é improvável, no sentido de que não posso prová-lo. Eu até posso dizer que o provo de vários modos. Posso dizer que o transcendente vem à tona na violeta que está exuberante quando abro a janela no domingo de manhã; no pulo do gato no meu colo; no sorriso de uma criança; na gargalhada dos 14 anos de idade, quando se ri à toa com os amigos – um começa a rir e aí o outro ri até perder o fôlego; na capacidade de geração de vida nos lugares – quando estou pousando de avião e vejo São Paulo de cima, imagino esses milhões e milhões de humanos produzindo, criando, construindo... Tudo isso dá uma certa magnificência; agora, a felicidade encontrável na espiritualidade é apenas quando eu tenho a ideia de gratidão.

Há vários momentos em que eu sou feliz por ser grato, e sou grato porque sou feliz em vários momentos. A gratidão por estar vivendo e participando desse mistério.